2022年度河北省社会科学发展研究课题《河北省深入贯彻新时代人才强国战略研究》（课题编号：20220202246）

管理会计在高校中的应用研究

靳　燕　董朝霞　王学书　著

中国商业出版社

图书在版编目（CIP）数据

管理会计在高校中的应用研究 / 靳燕，董朝霞，王学书著 . -- 北京 : 中国商业出版社，2023.7
ISBN 978-7-5208-2552-8

Ⅰ . ①管… Ⅱ . ①靳… ②董… ③王… Ⅲ . ①管理会计 - 应用 - 高校管理 - 研究 - 中国 Ⅳ . ① G647

中国国家版本馆 CIP 数据核字 (2023) 第 134014 号

责任编辑：王　静

中国商业出版社出版发行
（www.zgsycb.com 100053 北京广安门内报国寺 1 号）
总编室：010-63180647　编辑室：010-83114579
发行部：010-83120835/8286
新华书店经销
定州启航印刷有限公司印刷
*
710 毫米 ×1000 毫米　16 开　13.5 印张　210 千字
2023 年 7 月第 1 版　2024 年 1 月第 1 次印刷
定价：78.00 元
* * * *

前言

随着时代的不断发展，高等教育改革的脚步向前迈进，高校管理理念与模式要紧跟教育改革的需要，不断进行创新与转变，以提升高校管理水平，扎实推进教育高质量发展，加快建设教育强国。财务管理是高校管理工作的核心工作之一，优化财务管理对于保障与提高高校综合管理水平具有重要意义。高校应转变观念，不再将财务管理看作简单的后勤服务，也不再视财务管理部门为单纯的记账部门，而是将财务管理作为全部教学、科研等活动的基础保障和重大经济事项的决策依据。随着管理会计理论体系的逐渐成熟与企业实践成功经验的累积，将管理会计融入高校财务管理工作具备了一定的可行性。因此，高校要重视引进科学合理的管理会计体系，全方位核算和监控高校的业务活动与财务活动，从而及时发现潜在的风险点，帮助高校规范预算与成本管理，有效避免资源浪费，实现资源优化配置，提升经济效益。

在此背景下，本书立足管理会计基本内容和理论基础，结合高校特点与发展情况，对管理会计在高校管理工作中的应用展开了详细深入的论述，具体包括以下八章。

第一章：本章是对管理会计的全面介绍，主要包括管理会计的基本内容、发展历程与理论基础。研究管理会计在高校管理工作中的应用，必须先认识管理会计的基本内涵，把握管理会计发展的脉络，理解管理会计的理论基础，以便为之后进一步的研究奠定基础。

第二章：本章阐明了管理会计在高校管理工作中的应用价值与意义，对管理会计在高校中的应用策略进行了分析，以便为后续的应用实践研究提供引导。

第三章：财务机构是管理会计应用的主阵地，管理会计在高校管理工作中的应用理应先从财务机构管理入手。本章在介绍高校财务机构管理的基本内容的基础上，从优化高校财务机构设置、优化高校财务岗位、优化高校财务人员素质三个方面对管理会计在高校财务机构管理中的应用展开研究，为后续管理会计具体工作的开展提供便利。

第四章：预算与成本管理是高校财务活动的核心环节。本章在介绍高校预算与成本管理的基本内容的基础上，从高校预算与成本管理规章制度、工作方法与工作流程的优化方面，对管理会计在高校预算与成本管理中的应用展开研究。

第五章：加强内部控制、完善风险管理是对高校依法治校、从严管理提出的内在要求。本章在介绍高校内部控制与风险管理的基本内容的基础上，从基于管理会计的高校内部控制制度优化与风险管理机制优化两个方面，对管理会计在高校内部控制与风险管理中的应用展开研究。

第六章：绩效管理不仅是保证治校方略实施的有效途径，更是促进高校教师学习与成长的重要手段。构建科学、合理的绩效管理体系对高校来说至关重要。本章在介绍高校绩效管理的基本内容的基础上，将平衡计分卡引入高校绩效管理体系，重点分析了平衡计分卡在高校绩效管理中应用的必要性与可行性，然后基于平衡计分卡对高校绩效管理优化展开研究。

第七章：信息化建设已经成为高校提升管理水平的重要手段，也是高校重点建设任务之一。本章在介绍高校管理会计信息化建设的基本内容的基础上，从系统建设与应用程序、系统权限管理、系统功能与拓展三个方面对管理会计在高校信息化建设中的应用展开研究。

第八章：本章对管理会计在高校管理工作中的应用进行了总结，并对基于数据中台的高校管理会计信息化与信息化时代管理会计人才培养进行了展望。

作者

2023 年 1 月

目录

第一章　管理会计概述

随着知识经济时代的到来，信息技术实现了迅猛发展。管理会计作为一种集战略、业务、财务于一体的行之有效的先进管理手段，率先在企业中得到广泛应用，既让企业的各级管理人员能够据实计划和控制每天发生的经济活动，又有助于决策者做出各项专门决策，因此，受到企业界的高度重视，成为现代企业经营管理不可缺少的组成部分。随着我国市场经济体制改革的不断深化和高等教育改革的深入推进，管理会计受到越来越多高等院校的重视。研究管理会计在高校管理工作中的应用，必须先理解管理会计的基本内涵，深刻把握管理会计发展的脉络，融会贯通管理会计理论基础，以便为进一步的研究做准备。

第一节　管理会计的基本内容

一、管理会计的内涵与目标

（一）管理会计的内涵

管理会计又称为“内部报告会计”，是为改善企业等组织的经济效益而通过一系列特殊的办法，对财务会计所提供的信息和其他方面的信息进行处理、整合及报告，为企业各级管理人员据实计划和控制日常所发生的经济活动提供参考的管理活动。它是协助决策者进行各项专门决策的一个会计分支。

在瞬息万变的时代环境中，管理会计的内涵也在不断变化。未来的管理会计将朝着管理信息系统的方向发展，为企业等组织实现为客户服务价值的最大化，运用网络技术手段，辅之以财务数据，在与非财务信息相结合的基础上形成并提高核心竞争能力，提供相应的信息支撑。

（二）管理会计的目标

由管理会计的内涵可知，管理会计能够为企业决策提供支持，因此，其终极目标与企业目标相一致。在市场经济条件下，管理会计要适应新形势，就必须进行创新。传统的管理会计和企业管理多是为了实现企业利润最大化，这一目标与以物质资本为基础的工业经济时代相适应。随着现代社会的发展，人们逐渐认识到人力资源在管理中的作用和地位，因此，传统的管理会计已经不能满足现实需要，应向更高层次迈进。知识经济所特有的知识化、智能化、全球化、网络化、竞争化及其他特征，势必会对管理会计的目标进行重新定位。

1. 提高经济效益

管理会计采用一系列特殊的方法和手段进行各类经济信息的收集、整理、分析、报告，并据此开展预测与决策、制定规划、管理经营业务、评估绩效等企业活动，从而强化企业内部经营管理，确保企业提高经营管理的质量，最终提高企业的经济效益。

2. 拓展会计职能

管理会计以会计核算和会计监督为前提，使会计的职能得到了进一步拓展。当管理会计人员精通管理会计基本理论、方法与技巧时，就可以运用经济信息进行正确预测、科学决策、全面计划、精准控制、分析评价等活动。

3. 提供内外部综合信息

提供内外部综合信息是管理会计的又一个重要目标。内外部综合信息主要包括财务信息和非财务信息两类。管理会计人员运用统计、会计等方法，收集、整理、分析企业相关的内外部环境数据，尽可能地为企业信息使用者提供有效的信息，协助企业信息使用者做好经营、投资等决策。

二、管理会计的职能

管理会计的职能体现出管理会计在企业管理中的角色，主要包括预测、决策、计划、控制、评价五项职能（见图 1–1）。

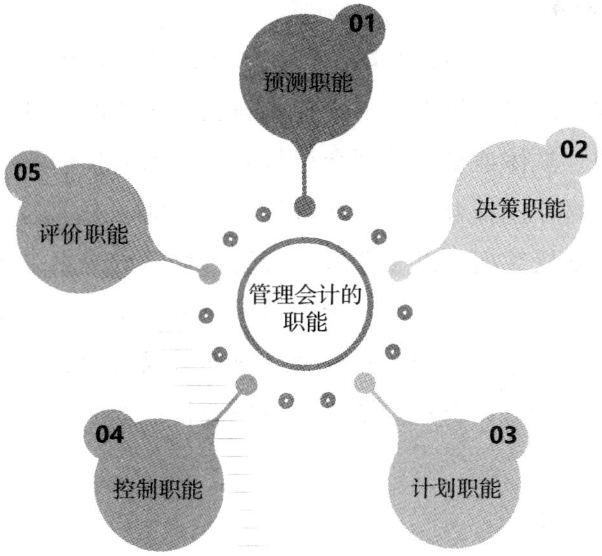

图 1-1 管理会计的职能

管理会计的各职能间存在着非常紧密的联系，构成整个管理会计循环，与企业战略息息相关。其中，预测是决策的前提；决策是制订计划的基础；计划不仅是预测和决策的综合反映，而且是经营目标的具体化，是进行控制与评价活动的依据；控制确保计划得以实施；企业借助评价来对整体的预测、决策、计划、控制过程与结果进行全面的把握，以便开启下一轮经济管理活动循环。

（一）预测职能

预测是根据历史资料，采用系统、科学的方法，推测事物未来的发展状况。管理会计作为一门新兴学科，其产生和发展与现代社会经济环境密切相关，在现代企业中发挥着越来越重要的作用。管理会计多依据历史或者现在会计资料及其他有关数据，利用定量分析模型或者定性分析手段，对企业的内部财务状况、经营效益以及未来经营业务的发展趋势进行预计和推测，从而为企业内部经营管理决策提供稳定的数据支撑。在我国目前的经济体制下，企业的财务管理工作与传统的会计核算相比有很大差异，因此，加强管理会计的预测职能显得尤为重要。管理会计的预测职能可以体现在对企业资金需求量、成本、销售量、利润等数据的预测方面。

（二）决策职能

决策职能是管理会计的核心职能。在企业经营活动中，管理会计可以协助管理者实现有效决策。管理会计以提供与决策相关的信息为手段，参与到企业管理决策中。具体地说，管理会计从企业决策的目标要求着手，收集和整理有关信息资料，选择合适的方法进行相关长期、短期决策方案的指标测算，用测算出的结果数据帮助企业管理者进行科学的决策。在实际应用过程中，管理会计需要从不同角度为决策者提供决策依据和参考意见，协助管理者有效地完成各种决策。例如，管理会计数据可以帮助企业决策者科学地选择产品生产组合、为产品合理定价、有效地分析长期股权投资项目、高效地搭配短期融资渠道等。

（三）计划职能

管理会计的计划职能是指对企业的经营活动编制各种计划和预算。在现代社会经济发展过程中，管理会计发挥着越来越重要的作用，企业全面预算作为管理会计的重要组成部分之一，对于提高企业管理效率具有积极意义。管理会计可以把企业各个管理层次、各个业务领域、各个时间段的目标都体现在全面预算的编制工作中，对各项预算指标进行分解，通过责任预算的方式将企业经营链条上的各个环节合理、高效地组织协调起来，发挥企业可供支配的人员、资金等资源的作用，制订全面预算计划，为企业控制经营活动奠定基础。

（四）控制职能

管理会计的控制职能是通过一定的途径对企业实际经济活动施加影响，使之按预定目标发展。具体而言，管理会计是在事先编制预算的基础上，实时控制企业经济活动的状况，同步测量、记录、汇报已经发生的所有经济活动，将实际数据与预算数据进行实时对比，判断实际数据和预算数据之间是否存在差异。如果存在差异，则测算其差异程度，分析产生差异的原因，由此推定其相关责任，并针对不利差异提出改进措施，必要时也可结合实际数据对预算数据进行修正。管理会计的控制职能在企业中的重要地位是显而易见的，管理会计借助自身的控制职能，能够有效发挥其对生产经营活动的干预作用，确保各计划目标得以顺利达成。

（五）评价职能

管理会计评价职能的发挥主要靠责任会计制度的实施。责任会计在我国还处于起步阶段，其理论和方法体系还在进一步研究与完善中。责任会计作为管理会计的重要分支之一，是适应企业内部实行经济责任制的需要，对企业内各个责任中心的经济业务进行计划和控制，以便达成业绩考核和评价的一种内部会计管理控制体系。在企业中建立起一套科学完善的责任会计体系，有助于提高企业管理水平和经营效益，进而促进企业发展战略目标的顺利实现。责任会计系统和企业组织结构之间具有紧密的联系，责任会计系统体现和支持着企业组织结构的调整。企业总体业绩目标需要在企业内部的所有责任单位中执行，并作为各个责任单位业绩评价的基础。企业内部各责任单位在各自的工作内容上具有相对独立性。根据职责范围及权限的大小，可将企业内部责任单位划分为成本中心、收入中心、利润中心和投资中心等。借助责任会计制度，管理会计可对企业内部各责任单位的责任分配和履行情况进行系统评价。

三、管理会计工具方法及其应用领域

管理会计工具方法是在管理会计工作开展过程中所使用的战略地图、滚动预算管理、作业成本管理、本量利分析、平衡计分卡等方法、技巧、模型的总称。这些工具方法是企业为了实现内部管理控制和适应外部经营环境变化而产生的。管理会计工具方法具有开放性特征，伴随着实践的发展不断丰富和完善。与传统会计工具相比，管理会计工具方法具有更强的适应性和灵活性，是对传统会计工具的创新发展。管理会计工具方法被广泛应用在企业战略管理、预算管理、成本管理、风险管理、绩效管理等领域（见图 1-2），不同领域有不同的适用工具和方法。

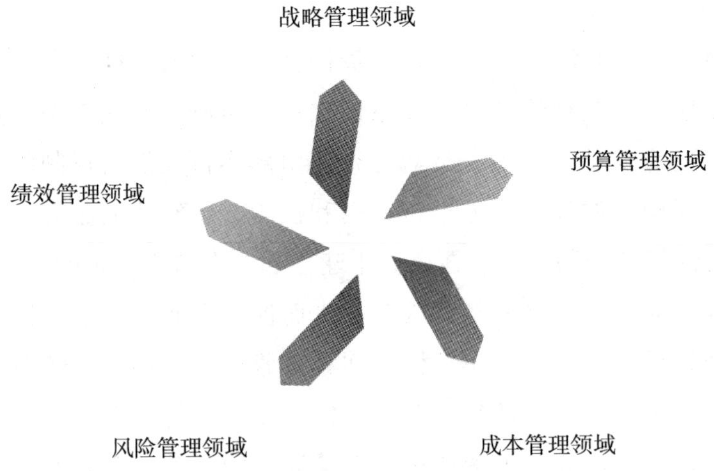

图 1-2 管理会计工具方法的应用领域

（一）战略管理领域的管理会计工具方法

运用于战略管理领域的管理会计工具方法主要有战略地图和价值链管理。

1. 战略地图

战略地图由平衡计分卡演变而成，它以平衡计分卡的四个层面目标为中心，包括财务层面、顾客层面、内部层面与学习层面，通过对这四个层面目标之间的相互关系进行分析，勾勒出企业战略因果关系图。战略地图将企业的战略目标分解到各个业务单元和职能中，形成了一个完整的系统，从而帮助管理者了解企业当前所处的位置及未来可能发生的变化。

战略地图作为一种可视化的战略表述与战略沟通，能使企业战略更加明确，并使所有员工及时了解企业的战略动态。战略地图确定了驱动战略取得成功的主要内部流程，可以实现人力、技术、组织、资本的协调统一，提高企业的经济效益。可以说，战略地图是详细的战略行动方案，可以为战略规划与战略实施提供逻辑链，揭示企业战略问题，以便企业及早进行干预和纠正，保证企业战略目标的实现。

2. 价值链管理

价值链管理就是把上、下游企业融合为一条完整的产业链，构成一个动态且虚拟的网络，有效减少企业成本，包括采购成本、物流成本、经营成本等，使整个网络的各个节点都得到最为合理的增值。

价值链管理作为一种先进的管理工具，已经被越来越多的企业应用到经营实践当中。推行价值链管理的最终目的就是帮助企业构建起适应市场竞争的完整体系和数字化管理模式，从总体上减少组织成本，提升业务管理水平与效率，使企业的经营活动价值获得提升。

（二）预算管理领域的管理会计工具方法

预算具有完善的方法体系，用于对企业的人力、物力和财力以及其他资源进行调配，最终达成企业的战略目标。在现代市场经济条件下，预算作为一种管理手段已被越来越多的管理者采用，成为企业经营管理控制工作的重要组成部分。企业通过预算能够对战略目标执行进度进行监测，控制支出，并且对企业现金流量和利润进行预测。因此，企业要加强对预算管理工作的重视程度，提高预算编制水平和管理水平，为企业战略发展提供有力支撑。应用在预算管理领域的管理会计工具方法有全面预算管理、滚动预算管理、作业预算管理、零基预算管理、弹性预算管理等。

1. 全面预算管理

全面预算体现了企业在未来一定时期内（通常不超过一年或一个经营周期）的全部生产经营活动的财务计划情况，它以实现企业的目标利润（企业一定期间内利润的预计总额）以及根据目标利润制定的作业指标（如销售量、生产量、成本、资金筹集额等）为目的，从销售预测开始，然后预测生产、成本和现金收支情况，并编制预计损益表、预计现金流量表、预计资产负债表，呈现企业在未来一定时期内的财务状况与经营成果。

总之，全面预算管理就是通过一系列的财务信息来描述企业未来时期的经营状况以及各种资源的使用情况。全面预算管理作为一种管理会计工具方法，在现代企业的发展过程中起到了巨大的促进作用，是少数能够将企业的所有关键问题都整合到一个系统中的管理控制手段。全面预算管理能够协助管理者开展计划、协调、控制和业绩评价，对于提升企业组织管理水平与竞争力具有重要意义。

2. 滚动预算管理

连续预算、永续预算都是滚动预算的别称。编制这种预算时，预算期和会计年度会脱离，在预算实施过程中不断对预算进行后续补充，逐期向后滚动，删去过期的部分，增加新的预算期间，使得预算期一直维持在一个固定的时期内。滚动预算是一种动态预算方式，它能够有效地反映企业未来一定时期内的财务状况和经营成果，并根据企业实际情况及时调整。滚动预算既可以选择每月滚动更新一次，也可以选择每季度滚动更新一次。滚动预算根据实际情况动态地调整预算期中的某一阶段，因而具有灵活性。一般情况下，更新频率越快，预算编制所需耗费的成本就越大。因此，滚动预算并不是一种经济的预算方法。

滚动预算法的优势体现在两个方面：一方面，滚动预算可以让预算期间按照时间顺序向后滚动，使预算具有持续性，有利于将企业的短期、长期目标相结合，把后续的业务活动纳入考量范围；另一方面，滚动预算可以让预算随着时间的推移而不断调整、修正，使预算更加符合企业实际情况，能够将预算的引导与控制作用充分发挥出来。

3. 作业预算管理

作业预算是根据“作业消耗资源、产出消耗作业”的基本原理，采用作业管理的预算管理方式，适合作业类型多、作业链长、管理层对预算编制准确性要求较高、生产过程多样化且间接或者辅助资源费用比重大的企业。在我国企业目前普遍实行全面预算管理和作业成本法的环境下，作业预算管理将成为企业会计管理的新趋势。

企业制定作业预算时，通常都是依据既定的作业需求量、已核实的资源费用需求量、均衡资源费用的需求量和供给量来审核最终预算的。作业预算管理的核心在于作业成本控制和作业效益评价，它可以帮助企业管理者在保证一定利润水平的情况下，有效地降低资源使用强度及成本费用支出。具体而言，作业预算管理可以根据作业需求量进行资源配置，有效预防资源的盲目配置，通过总体作业优化达到资源费用耗费最小、产出成果最多的效果。另外，详细的作业预算能发挥企业员工对业务与预算的支持作用，对预算的实施大有裨益。

4. 零基预算管理

零基预算是在完全不参考历史状况的前提下，重新对各项预算支出的必要性和金额的大小进行研究、分析与确定，以零为基点编制的预算。具体来讲，企业在编制预算的时候，不会考虑过去产生的支出项目和支出数额，全部预算支出的预测与计算都以零为基点，一切以经营的现实需要为出发点，逐项分析各支出项目是否必要、是否合理，同时对投入产出效果与资金需求进行决策分析，确定每项支出的内容和标准，然后根据业务支出项目的重要程度和投入产出效果进行排名。另外，零基预算管理还要根据企业的资金供需状况和未来发展趋势，确定预算支出规模，并通过调整各部门、各单元之间的收入分配比例来实现资源配置优化。对于重要和投入产出成效较大的项目，给予重点投资；对于重要程度不高或者投入产出成效不佳的项目，原则上削减或者不予配置资源，根据综合平衡情况统筹安排年度资金预算。

零基预算管理最大的优势就在于从零开始，它不会受到历史期间经济活动不合理因素的制约，能灵活应对企业内、外部环境变化，使预算编制更加符合预算期内经济活动的具体要求，有利于提高预算编制的透明度，方便后续预算控制活动的开展。

5. 弹性预算管理

弹性预算运用成本习性分析，把业务量、成本与利润之间的依存关系作为依据，根据预算期内可以预见的不同业务量水平，编制能适应各类经营情况的预算。与传统预算相比，弹性预算有许多优点，如伸缩性强。具体而言，弹性预算是与固定预算相对应的预算编制方式，它克服了固定预算存在的弊端，既可以作为固定预算的补充，也可以用来调整固定预算。固定预算一般只会考虑一种业务量水平，而弹性预算则会考虑多种业务量水平，因此也称为变动预算或者滑动预算。弹性预算是现代企业管理中一种常用的有效管理手段，对于提高企业经济效益有着重要意义。

弹性预算编制过程分为以下四步：①明确适用于弹性预算的项目，确定有关业务量，预测预算期内业务量可能达到的不同水平及其弹性幅度；②对预算项目和业务量进行数量依存关系分析，确定弹性定额；③构建弹性预算模型，制订预算方案；④审定预算方案。

弹性预算可以根据企业的具体情况进行灵活调整和修改，为企业提供生产经营业务量的系列预算数据。预算期在一个较长的时期内不一定会发生变化，每个单位的业务量也不尽相同，各预算指标之间存在着相互制约关系。当一个预算项目实际业务量达到任意水平时，均应有一套各自适用的控制标准。弹性预算管理可以用于确定企业各项业务活动的最佳规模和数量，保证企业在既定时期内实现最大利润。由于弹性预算管理考虑了预算期内可能出现的各种业务量水平，其预算额度更加符合企业经营业务的规律性，也更加接近企业经营管理的实际状况。不过，编制工作量、对市场及其变动趋势的预测精度、对预算项目与业务量之间依存关系的判断水平等因素都会影响弹性预算的合理性。

（三）成本管理领域的管理会计工具方法

应用在成本管理领域的管理会计工具方法主要包括目标成本管理、标准成本管理、变动成本管理、作业成本管理等。

1.目标成本管理

所谓目标成本管理，就是按照企业经营目标进行管理，以成本预测、成本决策为基础，实施目标成本分解、控制、评价、考核的一系列成本管理工作。目标成本管理的特点是把成本核算与管理有机地结合起来，以提升效益为目的，开展提前预测成本、日常控制成本、事后考核成本等工作，由此构成了一个综合、完整且全员参与的多层次、多方位的成本体系，最终实现少投入、多产出、获取最佳经济效益的目标。

2.标准成本管理

标准成本管理就是根据各个生产流程操作规范进行管理，使用完善的生产、工程、技术测定（包括时间及动作研究、统计分析、工程实验等）方法，为每一个成本中心和产品建立适当的数量化标准，然后将这个数量化标准金额化，以此为依据进行成本绩效衡量和标准产品成本计算。标准成本在实际应用中可分为事前计划型标准成本、事中核算型标准成本、事后分析型标准成本三种形式。实施标准成本管理就是要建立标准成本、控制标准成本、进行成本差异的披露和分析、对成本差异进行账务处理等。

实施标准成本管理对引导、控制企业日常经济活动具有重要的指导意义，方便企业进行成本核算和控制，方便区分企业各个成本中心的职责，提高了企业决策的准确性与有效性。实施标准成本管理有两个重点：一是细化成本核算，提供真实可信的成本报表等内容；二是做好成本的预测与控制，通过对企业标准成本进行评估来完善成本管理工作。

3. 变动成本管理

变动成本管理又称为直线成本管理，是在开展常规成本计算时，运用成本性态分析，仅以变动生产成本作为产品成本构成要素，把固定生产成本与非生产成本视为期间成本，按照贡献式损益确定程序计算损益的成本管理模式。

变动成本管理是传统成本核算方法与现代成本管理相结合的产物。在变动成本管理中，营业利润随着销售量变动而呈现的变化趋势正是企业决策人员希望掌握的会计信息。变动成本管理的实质就是通过对产品的价格变动与固定成本增减的比较来反映企业经营业绩的优劣，并评价其盈利水平及发展能力的变化。变动成本管理的基础理论与程序，揭示了成本、业务量、利润三者之间的内在关系，为本量利分析提供了方便，便于企业开展销售预测，促使企业管理当局提高对销售的重视程度，避免盲目生产，由此进行有效的成本控制与业绩考核。

4. 作业成本管理

作业成本管理就是以增加客户价值、提高企业利润为宗旨，以作业成本法为基础的一种集中化管理新方法。作业成本管理的基本工作就是通过对资源进行优化配置，最大限度地控制产品或服务在生产过程中的全部耗费，并以此来评价作业活动及相应责任中心的经营成果。作业成本管理是一种与战略思想相一致的现代成本计算与管理模式。

作业成本管理以作业为中心来核算产品生产过程中所消耗的资源。它不仅是一个准确的成本计算系统，更是提高绩效的一种手段。作业成本管理的内容包括设备管理、安全管理等。设备管理旨在通过全员参与，使设备在指定产能下运转，以此来实现降低成本的目标；安全管理通过采取预防、控制、转移、保护等措施，减少作业现场各类风险发生的可能性，最终降低企业整体成本。

（四）风险管理领域的管理会计工具方法

应用在风险管理领域的管理会计工具方法主要有风险管理框架、风险矩阵法等。

1. 风险管理框架

风险管理框架是指为风险及风险系统所建立的预测、评价、分析、控制体系。具体包括以下八个方面：内部环境、目标设定、事项识别、风险评估、风险应对、控制活动、信息与沟通、行为监控。

（1）内部环境是企业其他风险管理要素的依据，为其他风险管理要素提供了规则与结构。内部环境要素包括：全体人员的信用、道德价值观与胜任能力，管理层观念与经营风格，管理层权力分配和职责划分，组织与发展员工的途径，董事会的重视与指导。

（2）目标设定是把风险管理目标和企业的使命或者期望关联起来，以确保所设定的目标符合企业的风险偏好。

（3）事项识别是指风险管理需要分辨出一切可能影响企业目标实现的重大情形或者事项。在对事项进行识别时，应综合考虑各方面要素，包括事项本身特征、市场环境变化等，通过分析和归类这些相关要素对事项中可能存在的风险和机遇进行辨析。

（4）风险评估是对风险的辨识与分析，可以采用定性分析与定量分析相合的方法。

（5）风险应对是对每种重要风险及相应收益的评估与权衡，可以采用回避、接纳、共担或者减少上述风险等对策。

（6）控制活动包括企业内部的审查、核准、授权、确认、经营绩效考核、资产安全管理、不相容职务相分离等活动。

（7）信息与沟通是指企业员工的风险信息沟通意识，在风险管理环境中占有重要地位。企业应该鼓励员工和管理层之间的沟通，管理层应关注员工的观点。

（8）行为监控是指对日常经营过程中的事件、交易等实施的监控活动。

2. 风险矩阵法

风险矩阵法是根据风险出现的可能性以及风险产生后果的严重性，把风险绘制到矩阵图上，显示风险及其级别的一种风险管理方法。风险矩阵法是一种定量分析与定性分析相结合的综合分析方法。风险矩阵法首先确定风险的两个要点，即各种危害的严重程度与造成危害的概率；然后根据风险特点确定其相对应的级别，形成风险矩阵，也就是一种多维表格，以对风险的大小进行定性的度量。风险级别通常可以划分为灾难级、严重级、中等级、轻微级。风险级别越高，该风险越有可能造成损失。

风险矩阵法简单实用，能够有效识别出对项目影响最大的风险，为企业确定风险级别提供了可视化工具。同时，风险矩阵法作为一种科学的决策方法，能够使管理者从众多备选方案中选出风险最低的解决方案，从而提高企业管理效率和经济效益。企业在风险识别中选择风险评估方法时要考虑到各种方法的利弊，选用合适的方法进行更精确的风险评估。

（五）绩效管理领域的管理会计工具方法

应用在绩效管理领域的管理会计工具方法主要包括关键指标法、经济增加值、平衡计分卡等。

1. 关键指标法

关键指标法（Key Performance Indicator，KPI）是指以关键指标作为评价标准，将员工业绩和关键指标进行对比的一种评价方法。从某种程度上讲，关键指标法可视为目标管理法和帕累托定律的一种有效组合。在企业内部，关键指标法作为一种重要的管理工具被广泛使用。企业必须清楚地认识到其在特定时期内的经营战略，清楚地分辨出哪些顾客、哪些项目、哪些投资以及哪些活动超越了经营战略的界限。管理人员应关注能够推进企业战略实施的相关项目，以提升管理效率。在这种情况下，关键指标法成为一种行之有效的管理工具和方法。采用关键指标法的一个重要目的就是确保企业内部全体员工都着眼于企业战略目标。所以，企业有必要对评价指标体系进行精简，只选取与战略实施关系密切的指标来对员工业绩进行评价。

总之，关键指标法是一种有效的绩效管理工具，是对公司战略目标的有效分解，能够使企业中每个责任中心的员工在工作职责及业绩指标方面达成共识，让员工统一努力方向，从而强有力地促进企业战略在各个部门中的实施。因此，关键指标法可将各个岗位的主要业务活动有机结合起来，使之成为一个整体，并建立一个清晰的标准体系来进行业绩考核与评价。

2. 经济增加值

经济增加值（Economic Value Added，EVA）是指税后净营业利润减去全部投入资本成本之后的剩余收益。经济增加值是广泛应用于现代企业的一个高质量业绩指标，相较于传统业绩指标有其优越性，能够引导企业提升价值，使股东利益与经理层利益保持一致，提高企业绩效。经济增加值研究者认为，根据公认的会计准则计算的简捷利润应用于经营业绩考核时会出现许多有失公允的方面，为获得更可靠的经济增加值数值，须调整部分项目，包括研发费用、利息支出、资产减值准备、营业外收支、公允价值变动损益、递延所得税、无息负债、在建工程等。

（1）研发费用调整。研发费用是受益期比较长的一次性支出。国家为了鼓励企业加大研究开发力度，对研发费用实行加计扣除政策，因此研发费用需要调增。

（2）利息支出调整。由于在资本成本的计算时已经考虑了债务成本，在计算税后净营业利润的过程中，产生的利息费用无须再计入期间费用，以免重复。

（3）资产减值准备调整。减值准备是在损益发生之前确认的，影响实际利润，因此，要对资产减值准备进行调整，在利润中加回。

（4）营业外收支调整。营业外收支是与企业生产经营及投资活动无关的各项收支，不能反映企业的正常经营成果。经济增加值计算的是企业的营业利润。因此，在进行会计调整时，应当减去营业外收入，加回营业外支出。

（5）公允价值变动损益调整。公允价值变动损益同样是在收益实现之前提前确认的，会造成会计利润的偏差，因此，要在营业利润中消除公允价值变动损益形成的影响。

（6）递延所得税调整。贷项的递延所得税可用于生产经营，但是借项的递延所得税不能作为资产来使用。在进行会计调整时，要加回递延所得税负债变动额，减去递延所得税资产变动额。

（7）无息负债调整。无息负债不占用资本，所以在计算资本占用时须将其扣除，这样可以鼓励管理层合理筹集资产，提高资金的利用效率。在资本成本中负债部分只加计应付票据、应付账款、预收账款、应交税费、应付利息、其他应付款、其他流动负债，共七项。

（8）在建工程调整。在建工程不能为公司创造当期的经营利润，因此，不应计入资本占用。只有当在建工程完工并转入固定资产时才考虑其占用的资本成本，因此，须将在建工程从资本总额中扣除。

总之，经济增加值综合考虑了企业资本成本，能够充分反映企业创造价值这一管理理念，突破会计利润的局限性，提高资金利用效率，推动企业自身与社会共同创造价值财富。

3. 平衡计分卡

平衡计分卡（Balanced Score Card，BSC）是一种绩效管理新体系，从财务、客户、内部运营、学习与成长四个方面，把组织的战略实施量化为具有可操作性的衡量指标与目标值。平衡计分卡不仅能够帮助管理者对企业战略进行评估，还可以通过绩效考核来激励员工努力实现企业战略目标。从本质上讲，设计平衡计分卡就是为了构建一个达成“战略制导”目的的绩效管理系统，以此来确保企业战略的有效实施。

平衡计分卡是强化企业战略执行力的有效战略管理工具之一。因为平衡计分卡兼顾了财务衡量方法与非财务衡量方法之间、远期目标与近期目标之间、企业外部和内部之间、成果与过程之间、定量与定性之间的平衡，能够将各种指标进行整合，把不同层次的信息有机地结合起来，所以能够体现出企业的综合经营状况，让业绩评价趋于均衡，对企业的长远发展大有裨益。

第二节　管理会计的发展历程

财务会计与管理会计尽管重点有所不同，但二者是现代会计的“同源分流”。从理论上说，财务会计与管理会计都具有独立存在的价值，二者相辅相成、相得益彰。从现代会计引入“同源分流”后，管理会计随着企业组织面临的经营环境的变化应运而生并不断发展。管理会计以追求企业价值最大化为目标，通过运用会计学、管理学、经济学等知识来研究如何提高会计信息质量，提供有用的决策支持信息。作为一门新兴学科，管理会计已受到世界各国的普遍重视，实现了迅速普及，给传统的财务会计带来了很大的影响。具体而言，管理会计自诞生至今，大体可划分为四个发展阶段（见图 1–3），总体发展轨迹主要沿着“价值增值”方向进行。

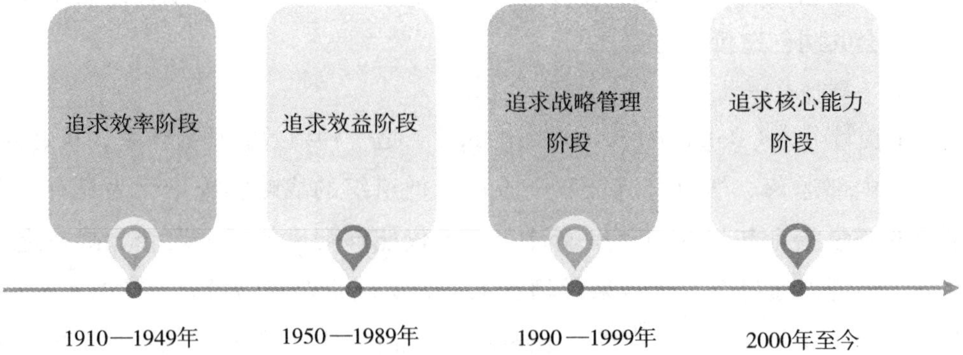

图 1-3 管理会计的发展阶段

一、追求效率阶段

管理会计起源于美国古典管理学家泰罗 1911 年出版的《科学管理原理》一书。泰罗的科学管理理论中蕴含着现代管理会计的诸多思想与方法，如注重提高效率的管理思想就符合管理会计追求效率和效益改善的目标，研究工时标准与工时定额是管理会计在单位成本控制中所采用的主要手段，标准化操作流程减少无效劳动思想与管理会计价值链分析核心思想相吻合。这些思想与方法无一不表明泰罗是管理科学的实践者。

随着泰罗的科学管理理论在实践中得到广泛应用，促进企业组织生产并提高工作效率就成为管理会计主要的研究课题。管理会计开始引进“标准成本”“预算控制”“差异分析”以及其他与泰罗的科学管理理论相关的工具方法，共同组成管理会计方法体系，使得管理会计得以从传统财务会计中分离出来而独立存在。

此时的管理会计以标准成本、预算控制、差异分析为主要内容，以企业组织的战略、方向和其他确定的重大事项为基础，帮助企业组织解决生产效率、生产经济效果等方面的难题，不仅能够帮助企业管理者对生产经营活动进行预测、决策，还可以作为一种管理工具来指导企业日常经营管理工作，使之更加有效地创造经济效益。具体而言，生产效率一般可以借助企业组织内的投入产出对比关系来反映。因此，管理会计把重点放在对企业组织内部的投入产出的比较上，通过引入标准成本与差异分析，经过严格的事前计算和事后分析，实现用较少的材、工、费制造出更多产品。同时，管理会计通过把企业组织的目标与市场需求相联系，使企业组织能够根据市场需求随时调整自己的经营方针，从整体上对企业降低组织生产成本产生了积极的推动作用，从而提高了企业组织的生产效率。

总之，管理会计建立在泰罗的科学管理理论基础之上。泰罗首次将管理由经验提升到科学的高度，引发了学术界对管理实践的审视和反思，为管理理论的形成与发展打开了通道。

二、追求效益阶段

从20世纪50年代开始，现代科学技术日新月异，在生产领域得到了大规模的应用，促进了社会生产的快速发展。与此同时，企业组织也得到了进一步集中，跨国公司不断涌现，企业规模日益庞大，生产经营活动变得越来越繁杂，市场环境变化越来越快，市场竞争越来越激烈。在这种形势下，传统的企业组织管理模式已经不能适应当时的经济发展需要，这对企业组织的经营管理提出了更高的要求，迫切需要企业组织管理实现现代化。

在全新的大环境中，大量的实践证明，企业组织的生存与发展主要取决于其实行的战略、方针、决策正确与否，所设定的目标是否适应内外经济环境。企业组织只有根据市场需要不断地调整其经营战略、方针和决策，才能适应环境变化并取得长期稳定的经济效益。若战略、方针和决策出现失误，经营目标有了偏差，则企业组织中个别环节拥有再高的效率也于事无补，甚至可能会导致企业组织在激烈的市场竞争中被淘汰。相反，正确的经营战略、方针和决策能够使企业取得更好的经济效益和社会效益，为社会提供更多的合格产品和服务。这就要求企业管理者必须以市场为导向，树立起符合时代潮流、企业特点、社会需求的崭新的管理思想，遵循管理的重心在经营、经营的重心在决策这一理念。

现代管理科学的形成与发展在理论层面为管理会计的发展奠定了基础，特别是在方法上赋予了管理会计最新的现代化管理技术。管理会计在这个阶段以追求效益为主，强调的是要先做正确的工作，之后再精益求精。效率和效益是一对不同的概念。效率是指工作质量、工作速度以及完成工作所消耗的劳动时间等指标的总和。效率通常体现在企业组织内部的投入和产出关系中，效率的高低取决于企业的执行力。而效益则主要体现在资源的利用程度、使用价值的大小以及实现这些价值所付出的代价等。效益通常不能直接在企业组织内部得到反映，须由企业组织对外接触来体现，因此，效益的优劣主要是由决策正确与否决定的。总体来看，企业提高效率的最终目标还是追求效益。在市场经济环境中，效率只有通过了市场考验才会变成效益，否则不但没有效益，反而还会亏损。因此，企业组织的战略制定与实施都必须考虑经济效益。企业组织要想全面实现自己的战略目标，就一定要面向市场，同时考虑效率和效益。这样，管理会计就形成了以决策会计、计划会计以及执行会计为主体的结构体系。其中，决策会计是第一位的，因为决策起着重要的基础作用，计划要建立在决策的基础之上，是对决策所确定的目标的全面反映。

自20世纪80年代以来，随着“信息经济学”和“代理理论”的发展，管理会计也取得了新的发展。传统的成本计算方法已不能适应当时市场经济条件下企业经营决策的需要。面对高新技术的繁荣发展和在经济领域的广泛应用，管理会计向信息相关性研究的方向持续推进，开启了以作业为中心的作业成本管理会计时代。在作业成本管理的帮助下，管理会计致力于企业组织价值链的优化服务。改革开放初期，管理会计作为会计学的重要分支被引入我国，这一时期国内的相关研究重点主要放在了管理会计的发展历史和管理会计的范围界定方面。①

三、追求战略管理阶段

进入20世纪90年代，管理会计信息收集工作开始由职业管理会计师向信息的使用者迁移，确保企业组织可以提高信息收集的针对性与时效性，并能使企业及时根据信息做出决策响应。这种新的转变使传统的以管理者为中心的会计理论面临着挑战，突破了管理会计师提供信息、企业管理者使用信息的角色限制，鼓励企业每位员工都成为企业各类信息的直接提供者。管理会计信息提供者和使用者之间的边界变得越来越模糊。

① 关瑞娣，南星恒．新常态下中国特色管理会计的创新与发展：中国会计学会管理会计专业委员会2016年专题研讨会综述[J].会计研究，2016（11）：92-94.

这一阶段的管理会计还对推动企业组织对环境变化的适应具有一定的积极作用，如在企业组织面临内外环境变化的情况下产生的作业成本计算法和作业管理，有助于企业再造工程的实施，促使企业组织结构发生变化，使企业组织竞争能力得到增强。由此可见，该阶段管理会计的发展主题已由单纯地追求效益转向了对外部环境变化的适应性方面。在这种情况下，传统管理会计已不能满足当时管理会计对决策有用性和管理控制方面提出的要求。因此，20 世纪 90 年代，管理会计的核心就是战略管理会计，强调“事事战略定位，时时战略定位”，“适时制”“全面质量管理”“价值链”“战略管理”“企业业务流程再造”等管理思想开始渗透到管理会计中，促进了管理会计的进一步发展。

这一阶段，我国对管理会计的理论和应用意义进行了深入研究，针对我国企业在管理会计工具方法的应用实践中遇到的问题展开了分析。经济效益、开放性、市场竞争、时间价值等新概念的引入，渐渐对我国传统的会计观念产生了影响，企业组织的会计系统逐渐从传统的会计核算转向会计预算，从单一会计管理转向全方位控制，转变跨度很大。

四、追求核心能力阶段

如果把 20 世纪称为“竞争的世纪”，21 世纪则是一个“竞争力的世纪”。进入 21 世纪，企业要想立于不败之地，就必须拥有强大的竞争优势，这种竞争优势的获得离不开优秀的管理。此时的人们已经充分认识到在企业组织的发展进程中，比利润和价值增值更重要的是市场占有率，而市场占有率的本质是企业的竞争优势。更进一步来说，企业的竞争优势来源于企业不可替代的核心能力。

企业组织的核心能力就是企业组织特有的一种资源。企业组织的核心能力是一种内在资源，竞争力是企业组织核心能力的外部体现。企业组织的核心能力向竞争力的转化，就是企业组织的核心能力被物化的成果，表现为核心的产品或服务，也就是企业组织的核心能力与设备、原材料等其他生产要素的组合。企业组织通过提供这种核心产品或服务来获取利润并提高市场占有率。可以说，企业组织间的竞争实质上就是核心能力之间的竞争。

总之，核心能力是企业组织赖以生存和发展的基础，企业的成长需要不断地培育和提升核心能力，以便拥有长久的竞争优势。随着知识经济时代的到来以及经济全球化进程的加快，传统的以财务会计为主的企业财务管理已经无法适应现代市场经济对企业管理者提出的新要求，如何培育与提高企业组织的核心能力非常关键。于是，以服务于企业组织内部经营管理为主的管理会计就成了发展的焦点。

自 2000 年以来，我国管理会计得到全面、快速的发展。尤其从 2014 年开始，我国进入政府引导管理会计发展的新阶段，企业面临着更加公平、激烈的竞争。为深入推进会计强国战略的实施，企业要全面提升会计工作总体水平，推动经济更有效率、更加公平、更可持续地发展。2014 年，财政部印发《财政部关于全面推进管理会计体系建设的指导意见》，阐明了全面推进管理会计制度建设的指导思想、基本原则、主要目标、主要任务和措施以及工作要求。2016 年，财政部印发了《管理会计基本指引》；2017 年 9 月 29 日，财政部印发了《管理会计应用指引第 100 号——战略管理》等首批 22 项管理会计应用指引；2018 年 8 月 17 日，财政部印发了《管理会计应用指引第 202 号——零基预算》等 7 项管理会计应用指引；2018 年 12 月 27 日，财政部印发了《管理会计应用指引第 204 号——作业预算》等 5 项管理会计应用指引。这些应用指引主要介绍各领域内相关管理会计工具方法的共性内容、应用环境、应用程序和应用评价等，标志着我国管理会计指引体系基本建成。该指引体系分别按照战略管理、预算管理、成本管理、营运管理、投融资管理、绩效管理等，介绍了不同领域的管理会计工具方法，精准施策，切实增强标准的针对性、指导性、操作性。管理会计指引体系开创了国际管理会计的先河，起到了优化资源配置、降低要素成本、提高管理效率的重要作用，标志着我国管理会计进入了研究方法与理论应用的新时代。

2021 年 11 月，财政部印发《会计改革与发展“十四五”规划纲要》，提出了“推动会计职能对内拓展”的主要任务。全面深化管理会计应用，是推动会计职能对内拓展的重要任务之一。总之，管理会计发展至今，管理会计工具方法不断被企业引进并运用。今后，我国管理会计体系将继续发展，逐渐形成与财务会计并行且能够为企业创造价值的管理会计体系。

第三节 管理会计的理论基础

一、会计协同理论

协同理论是由德国物理学家赫尔曼·哈肯于20世纪70年代在其发表的《协同学：一门协作的科学》中首次提出的，协同学是一门横跨自然科学和社会科学的学科。

协同理论以远离平衡态的开放系统为对象，这样的系统需要确保和外界有物质流、能量流与信息流互换，能自发地生成某种有序结构或者功能行为。因为这些有序结构或者功能行为具有自组织性和开放性特点，所以可以用来分析和解释自然界中出现的复杂现象，如生物进化过程等。协同理论不仅研究该类系统由无序向有序演化的规律，而且研究该类系统由有序向混乱演变的过程。

根据协同理论，不同系统（包含自然系统与社会系统）的内部子系统之间通过非线性的相互作用而产生协同效应。系统的自组织原理决定了系统中各个组成要素的性质。如果说体系在特定条件下能够自生成组织性与相干性为体系的自组织现象，则协同理论的研究对象就是各种不同的系统怎样通过自组织形式形成稳定性和各组织之间怎样进行协同竞争、协调冲突。与此同时，协同理论也清楚地表达了系统的"促协力"（也称"序参量"）支配着系统行为。当"促协力"为正的时候，系统内部各个子系统之间产生相互协同作用；当"促协力"为负的时候，系统内部各个子系统之间的相互协同作用就会遭到破坏。

在协同理论中，一个孤立的系统无论处于何种初始状态，终究会演变为一个僵死的系统，系统内部的任何有序结构均会遭到破坏。系统唯有摆脱孤立，成为一个与外界产生物质、能量和信息交换的开放系统才可以走向秩序化。系统向有序方向演进的过程，就是一个持续地与外界发生物质、能量和信息交换的过程。因此，会计系统也必然要遵循这一规律来实现自身的演化。会计系统作为一个开放系统，源源不断地接收着外界的经济信息，并对这些经济信息进行归纳和整理，报告管理决策所需要的会计信息。会计系统在接收信息与输出信息的循环之间不断发展、完善，如果不存在信息的交换，就不会有会计系统的发展。另外，会计系统所具有的开放性也表现在与社会环境的沟通方面。会计系统要不断地同外部世界发生联系，吸取其他学科成果，以完善自身发展。例如，借助计算机及其他信息技术实现会计信息化；吸纳更高素质的会计人才，淘汰那些与会计工作不相称的人员来实现系统执行力的提升；借鉴其他先进的组织形式来健全与完善会计组织机构；等等。纵观会计历史发展进程，我们不难发现，只有开放的会计系统才有可能得到发展，唯有持续地与外界发生物质、能量和信息的交流与沟通，会计系统才会不断由低级向高级演进。

会计协同理论是把协同理论引入会计学研究后产生的一种理论。会计系统中各要素之间存在着相互依存关系，这一相互依存关系构成了一个复杂的开放系统。会计协同理论以会计这一开放系统为主要研究对象，确保会计系统与外界物质、能量、信息产生正常的交互，能自发形成某种有序的结构与功能行为。会计协同理论以系统论为指导，从整体上对会计系统进行综合分析。根据会计协同理论，会计系统内各子系统通过非线性互动形成协同效应，这正是会计系统的本质规律，为会计实践提供指导。会计协同理论也是基于会计控制论衍生出来的，其内容主要包括会计系统内各个子系统之间的协同、会计系统和其他系统之间的协同、会计学研究和其他经济学研究的协同。

随着科技的进步，企业生产规模日益扩大，会计系统因其对经济活动进行反映与监督的重要作用而变得日益复杂。传统的会计模式已经不能满足现代社会对会计信息质量的需求，管理会计是适应这一需求产生的一门新兴学科。深入研究会计协同理论，将对高校管理会计的应用起到重要的理论指导作用。

二、交互控制理论

“交互控制”这一概念最早由美国管理学教授罗伯特·西蒙斯在其管理控制框架内提出。管理控制框架是一种以目标为导向的新型组织结构模型。西蒙斯的管理控制框架，重点是通过综合利用管理控制系统，实现“创新”与“约束”两大目的的协同。管理控制框架的核心在于强调系统内各要素之间的协调与互动作用。这个框架管理系统由信念控制、边界控制、诊断控制与交互控制四个子系统构成。传统的管理控制主要关注对组织内部资源的整合和分配，强调以人为中心。而随着交互控制的引入，管理和控制的传统概念被突破，控制已不仅仅是遵循既定目标和规则所展现的一系列固定的控制操作，而是成为一种驱动行为，变成组织之间相互借鉴的工具。管理控制将系统动力学中的因果循环原理运用到对人与环境关系的研究中来，使得管理者更加了解自己所面临的挑战和机遇，以及自身存在的问题，从而更好地进行决策。同时，它还可利用企业预算、反馈、评价等手段进行交互控制。

另外，人机交互系统提供一种基于计算机平台的人机交互界面，强调管理层对管理效果的持续性重视，通过定期或者不定期的沟通会、交流会等反馈机制，达到控制目的，随后对控制进行规划与调整。交互控制还注重员工之间、上下级人员之间、同事之间的相互合作，以更好地达成控制的目的。企业的交互控制主要用于交互预算的控制。交互预算控制将控制与监督结合起来，能够帮助管理者及时发现问题、解决问题，对决策起到辅助作用。实践证明，交互预算控制如果运用得当，就能达到较好的控制效果，推动企业内部学习和交流，为不同部门、不同层次的员工在学习工艺、节约成本、预算管理等方面提供完善的信息交流平台，切实提高企业效益。

三、会计信息化理论

信息化就是要充分利用信息技术，开发和利用信息资源，推动信息交流，实现知识共享，提升经济增长质量，促进经济社会发展和转型。管理会计作为一门新兴交叉学科，本身就包含着大量的信息管理功能。柯琼认为，管理会计电算化系统内容可以通过分层次功能模块结构确定。① 该理论对我国实施管理会计信息化具有重要参考价值。

管理会计信息化就是把信息技术和管理会计进行有效融合，借助电子计算机，通过信息网络及其他现代信息技术获取会计信息，对其进行分析、加工，基于会计数据并结合会计、统计、数学和其他学科方法建立起多种管理

① 柯琼．试论管理会计电算化的特点及其实施的前提条件[J].财会通讯，1997（9）：11-12.

会计模式，从而为企业等组织的计划、决策、控制与评价提供完整、及时、准确的数据。

进入21世纪后，大数据和互联网得到了飞速发展，为适应时代发展的需要，管理会计信息化进程也必须不断推进。要进一步实现管理会计信息化，需要把基本网络电子科技技术纳入管理会计学科并与传统会计活动相结合，还需要引进更多先进理论，如会计基本理论信息化、会计实务信息化与会计管理信息化等。管理会计与信息化的结合给会计核算业务、财务管理工作等带来更加长效的积极影响。随着管理会计的不断发展和应用，人们越来越认识到管理会计在提升企业竞争力方面起到的重要作用，管理会计信息化就是提升企业竞争力的主要路径。管理会计信息化可以促使会计理论和实务得到进一步的丰富与发展，推动会计管理制度改革，对会计理论和实务产生深刻的影响。

目前，我国部分高校已经开始应用管理会计信息化方法进行财务管理工作。要进一步提升管理会计信息化在高校应用的适应性，开展高校财务信息化建设就成为高校财务管理工作不可或缺的一项重要任务。高校财务信息化建设就是以高校为主体，通过应用现代计算机技术和通信技术来改变原有的财务管理模式，实现资金的合理利用与配置；通过网络技术将高校内各部门的所有财务数据集中到一起，为高校管理者提供决策支持，以达到加强财务管理、降低管理成本的目的。为此，高校要对财务管理结构进行更新和建设，重整财务业务流程，新建财务信息管理系统等，让财务信息资源不受时间和空间的约束，实现持续的流通与分享。

四、财务共享理论

（一）财务共享的定义

美国福特公司在20世纪80年代成立了全球首家共享服务中心。之后，“共享服务”这一概念开始渗透到集团企业高管经营思路中，并随着互联网技术和计算机技术的迅猛发展逐渐被应用到各个行业当中。此时的财务共享，更多的是指通过应用信息技术，使财务管理制度更加规范化与流程化，借此解决企业财务处理分散的问题，以实现提升企业整体服务质量、减少企业运营成本的目的。在此背景下，越来越多的跨国公司开始采取共享服务这一组织重构形式，财务共享服务由此引起社会各界的重视。基于这一思想，“共享服务中心”这一概念应运而生，集团公司把企业内重复性高、与非关键业务有关的财务职能与程序集中在一个本地或者远程中心，通过该中心批量办理上述业务，为分散在不同国家和地域的分支机构提供服务。

财务共享服务是将财务业务进行流程再造与标准化，由共享服务中心统一对其进行处理，达到降低成本、提升客户满意度、改进服务质量、提升业务处理效率目的的作业管理模式。① 这种模式能有效地减少处理集团企业日常事务所需要的成本并提高效率，为有效执行企业集团战略提供支撑。何瑛整合了国外其他学者的研究成果，认为共享服务并非简单的集中控制，而是一种集成服务，突破了传统业务功能划分限制。② 吴碧峰认为，财务共享服务中心是一种新型管理模式，需要集成各个信息系统，整合组织架构，规范及标准化流程，最终达到统一规范流程、降低风险、减少成本的目的。③ 毛淑梅认为，财务共享服务就是通过流程再造将企业高度相似和重复的业务流程标准化，并集成多个平台建立一个集成部门或独立存在的机构，从而降低企业管理成本，提高企业运转效率，让企业管理实现规范化和质量化，实现业务财务一体化，最终为企业创造价值。④

在财务共享服务的定义上，不同学者有着不同的看法，但这些看法归纳起来有四个共同之处：一是财务共享服务实质上就是一种新型管理模式；二是需要依靠信息化的技术或工具；三是要求对财务业务进行流程再造，实现标准化与规范化；四是强调以服务为中心，致力于降低成本、提高效益、提高服务质量。

（二）财务共享的目标

财务共享的目标主要包括五个方面，如图 1-4 所示。

---

① 陈虎，董皓．信息技术领航：财务共享服务的信息系统支撑 [J]. 财务与会计，2008（20）：63-65.

② 何瑛．企业财务流程再造新趋势：财务共享服务 [J]. 财会通讯，2010（6）：110-113.

③ 吴碧峰．财务共享服务中心本质浅析 [J]. 财务与会计，2017（6）：66.

④ 毛淑梅 .A 集团财务共享绩效及其关键影响因素研究 [D]. 昆明：云南财经大学，2022：12.

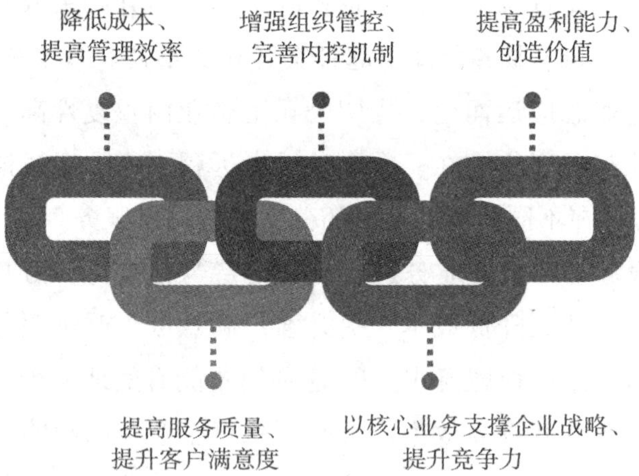

图 1–4 财务共享的目标

1. 降低成本、提高管理效率

目前我国已有多家企业实施财务共享服务中心建设，但大多是以实现内部控制为中心。许多大公司开展财务共享服务中心建设，期望实现减少财务成本、提高工作效率等目标。在它们看来，财务共享服务应以财务为主要服务对象，共享服务就是以财务服务的方式进行的流程再造，其目标在于使财务业务变得规范、标准，并将各种零散、重复、大量的业务集中起来处理，降低时间成本和人力成本。

2. 提高服务质量、提升客户满意度

提高服务质量、提升客户满意度是财务共享服务最主要的目标。为此，企业需要从战略层面认识到财务共享服务中心对企业的正面作用。财务共享服务中心要把业务集中起来统一处理，这样做不只是为了节省财务人员宝贵的时间，更是为了共享工作处理技巧与经验，提升服务水平，有利于实现财务、业务的一体化。总之，借由共享服务中心可以实现工作效率、技术应用、工作质量三者之间的协同进步，为企业提供理想化的服务，提升客户满意度。

3. 增强组织管控、完善内控机制

财务共享平台的建设能够加强集团企业内部资金控制，有效避免财务风险，基于共享服务的企业管理会计和会计信息化可以相互联动，有助于促进会计信息质量的提高，最终实现健全企业内部控制机制的目标。

4. 以核心业务支撑企业战略、提升竞争力

财务共享服务通过信息化建设和业务流程重组，降低运营成本、减少库存，旨在使企业能够更好地适应市场变化，获得竞争优势。企业在开展财务共享服务过程中，借助高效的信息平台可以把工作重心放在重要营运业务上，让每个业务单元都将主要精力放在核心业务发展上，使内部资源得到进一步优化整合，最终增强企业的核心竞争力。

5. 提高盈利能力、创造价值

在上述四个目标实现的基础上，提高企业盈利能力、创造更多的价值是财务共享的终极目标。通过对企业经营活动现金流量的分析可以发现，财务共享能够减少企业现金流出，从而降低企业融资成本和代理成本，促进企业资金利用效率的提高，给企业创造较大的利润增长空间，开拓新的利润增长方式，带动企业运营能力的逐步提升，让企业价值得以充分体现。

（三）财务共享的成果

现有的研究成果表明，集团企业引入财务共享服务模式有利于企业价值的创造。实践表明，财务共享的目标实现已初见成效。财务共享作为一种先进管理模式和理念，为我国大型企业集团提供了有益借鉴。但实行财务共享是一个长期渐进过程，并不是马上就能见效，企业在具备一定容错条件后，才有机会实行财务共享。在财务共享实行过程中，如果遇到相应的阻碍或难题，企业管理者要尽可能找到解决办法，使各种问题对财务转型的影响降到最低，借鉴已成功推行财务共享服务中心的优秀企业的流程和经验，结合企业自身实际改良具体的行动准则，不断完善财务共享服务的质量管理，逐渐实现企业财务管理变革和创新，为企业的价值创造提供服务，增强企业竞争力。

第二章　管理会计在高校管理工作中的应用分析

管理会计在高校管理工作中具有极高的应用价值，无论从理论角度还是从现实角度来说，管理会计都对高校财务管理的发展具有重要意义。因此，人们需要把握管理会计在高校管理工作中的应用策略，以便为后续应用实践的开展提供引导。

第一节　管理会计在高校管理工作中的应用价值

管理会计在高校管理工作中的应用价值主要体现在促使高校财务人员素质提升、支持高校管理决策、促进高校财务信息化建设等方面，如图 2-1 所示。

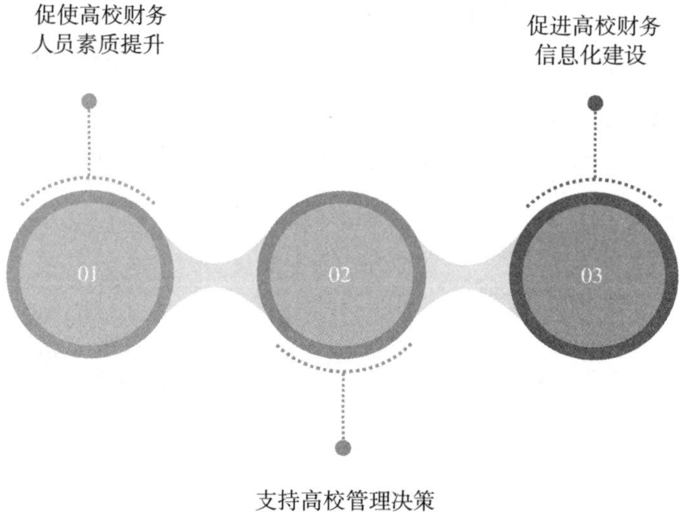

图 2-1　管理会计在高校管理工作中的应用价值

一、管理会计对高校财务人员素质提升的价值

随着外部经济环境的改变，高校财务复杂程度增加，高校财务工作方法也在不断更新。在高校财务工作中，相关人员要不断地了解最新财务知识与方法，提升自身素质，以适应时代环境的变化，管理会计的应用恰好具备这一价值。

高校财务工作服务于学校的教学与科研管理工作，具有专业性、服务性、政策性等特征。由于高校财务的工作内容覆盖范围广，选用的财务处理方法的不同会直接对工作效率、教师和学生满意度以及其他人性化问题产生影响。因此，加强高校财务管理是一项重要任务，必须在严格贯彻财政政策并遵守国家财经纪律的情况下，确保高校收支合情、合理、合法，加大监管力度，推动高校有序化发展，这对高校财务人员素质提出了更高的要求。为此，管理会计的应用将重塑高校财务人员会计思想，促使他们形成能动意识，建立先进的财务观念，把工作重心向预测、决策、分析等方向倾斜，谋划好全局工作。同时，高校财务工作既要保持自己的特色，又要与国际惯例相衔接。因此，管理会计的应用将使从事财务工作的人员有意识地对国内和国际经济业务进行了解，研究更好的会计处理方法，提高财务管理水平，与时俱进。

二、管理会计对高校管理决策的价值

（一）管理会计对高校财务预算决策的价值

在高校财务预算的编制中，应用管理会计的价值主要体现在全面预算上，能够加强高校对财务管理的整体把握。例如，高校基于全面预算可以构建“统一领导、资金集中、分级管理、内部核算”的财务管理新体系。现代高校财务管理只有正确处理集权和分权这一关系，方能满足市场经济条件下的办学要求，促进高等教育的发展，实现高校的战略目标。高校从管理会计全面预算管理中汲取理论和经验，建立起来的“统一领导、资金集中、分级管理、内部核算”的财务管理新体系是以全面预算为中心，从编制、执行、控制、分析、评价等方面对高校财务管理进行改革，可以实现财务工作的学校统一领导性与各级学院独立支配性的相互结合，使高校及其各级学院按照自己所肩负的使命和所掌握的财力各自履行相应范围内的职责，共享资源。

总之，在管理会计工具方法的支持下，高校可以实行全面预算管理，执

行统一的财务政策，各级学院预算安排相对独立，因而管理会计的引入对高校财务预算决策具有十分重要的价值。

（二）管理会计对高校财务风险防范决策的价值

在高校财务风险防范决策中，应用管理会计的价值主要体现在健全财务风险的预警机制上。

具体而言，将管理会计应用到高校财务管理中，能够有效改善高校财务收支管理，健全财务风险的预警机制，促进高校财权的合理配置。近些年来很多高校都积极响应国家政策，扩大招生规模，投入大量资金用于兴建教学基础设施，使高校资金主体的组成呈现出多样性。一方面，公办高校的经费主要由国家财政提供，国家在公办高校资金的使用与管理中发挥着宏观调控作用，对具体资金的使用与运作暂无特定监督机制，这就造成公办高校财务管理制度与企业不同，存在所有者缺位的现象。另一方面，民办高校多数财务管理工作是直接报告给校长或董事长，财务部仅对学校领导负责，利益主体的单一性导致民办高校的财务管理工作很难从高校整体利益出发，财务风险难以控制，影响高校的长远、稳定发展。管理会计的应用可以有效化解以上难题。

将管理会计应用于高校财务管理工作之中，通过采用多种管理会计方法，如风险管理框架、风险矩阵法等，能对高校财务风险进行有效识别，从营运能力、偿债能力、发展能力等方面设置财务风险预警相关指标，进一步健全高校财务风险预警机制，实现财务风险的动态监测和分析，针对可能出现的财务风险采取适当措施预防或及时予以补救，降低财务风险给高校造成的各种损失。总之，高校利用管理会计可以建立起一套科学、高效的财务风险预警机制，对高校财务风险防范决策具有重要价值。

（三）管理会计对高校教职员工管理决策的价值

当今的高等教育已基本实现大众化，甚至逐步走向普及化，高校分类分层十分明显，无法再以过去的精英教育思维去套用管理模式。对于多数以教学为主的高校而言，在计算报酬等管理环节采用绩效管理十分必要，因而管理会计的应用对于高校教职员工管理决策具有一定的价值。

绩效管理是管理会计的重要内容，恰当地运用绩效管理可以刺激和激励高校教职员工提高教学与科研水平。绩效管理以绩效评价为中心，以激励管理为手段。绩效评价是指利用系统工具方法来综合判断某一特定时期企业营运效率和成效的管理活动。绩效评价为高校进行教职员工激励管理奠定了重要基础。高校激励管理是利用系统工具方法调动教职员工的工作积极性、主动性与创造性，并激发其工作动机的一种管理活动，对于推动高校教职员工绩效提升具有重要价值。例如，高校可以运用平衡计分卡进行全方位绩效管理，借助管理会计严谨的计算方式增强管理效果，利用信息化技术优势优化高校财务管理流程，确保绩效管理活动得以顺利进行，以适应高校的发展需要。

三、管理会计对高校财务信息化的价值

随着我国经济的不断发展，传统的财务会计已经不能满足组织发展的需要，因此，要引导组织基于财务信息化从财务会计向管理会计转变。在财务信息化背景下，组织需要获取运营活动各个方面的实时数据，通过使用财务信息技术，快速收集、提取和利用各种数据，及时完成对各项数据的分析和有效存储。同时，应用财务信息化技术可以降低组织业务运营成本，增强组织的价值创造能力。

当前的财务会计处理方法已无法跟上大数据时代信息发展的步伐。如果仍然使用传统的会计方法来处理数据信息，则将在存储、筛选、分类和分析中出现滞后问题，从而导致财务数据分析结果不客观，直接影响组织的预测和决策。而管理会计可以将信息技术应用到组织财务工作中，使组织运营中各个环节的所有信息都可以高效、顺畅地传输，通过整合数据信息，实现快速、准确地提取数据，有效地避免了传统会计的弊端，大大地提高了信息处理的效率，为组织的可持续发展奠定了坚实的基础。

在这种情况下，应用管理会计对高校财务信息化自然具有极高的价值，可以推动高校财务信息化从财务会计信息化向管理会计信息化方向转变。在传统教育理念与模式的影响下，过去高校对内部财务管理的认识并不充分，出现过财务资源浪费等现象，在一定程度上制约着高校的发展。当前，信息化建设已成为高校所有管理建设中的焦点问题，现代化管理会计机制能够实现对高校财务管理成本的合理控制。因此，在管理会计的价值作用下，实行

管理会计信息化可以对高校各种费用进行精细化管理，确保开支的合理性，保证高校财务管理工作完善、有序进行，最大限度地减少高校财务风险，保证高校成本管理目标的顺利达成。

第二节　管理会计在高校管理工作中的应用意义

高校财务管理是高校对财务关系进行组织管理的一项重要工作。在教育体制改革不断深化的今天，高校的经济活动趋于多样化和复杂化，给高校财务管理带来了全新的挑战。如何有效发挥自身优势，增强竞争能力已成为当前摆在高校面前的重大难题。管理会计的应用就是解决这一难题的重要方式之一，无论从理论还是实践角度来说都具有重要意义。

一、有利于高校管理会计理论体系建设

从理论意义角度来说，管理会计在高校中的应用可以推进高校管理会计理论体系建设，形成适合高校实际发展状况的管理会计理论。管理会计早期主要应用于企业，相关理论也都是在企业实践过程中形成的，企业是管理会计最主要、最合适的服务对象，这就造成管理会计的部分理论可能并不适用于高校这一特殊的组织。因此，管理会计在高校中的充分应用，有利于结合高校发展的实际情况，对传统管理会计理论进行修改和完善，建立适合高校实际发展状况的管理会计理论体系（见图 2-2），提高高校财务管理的效率。

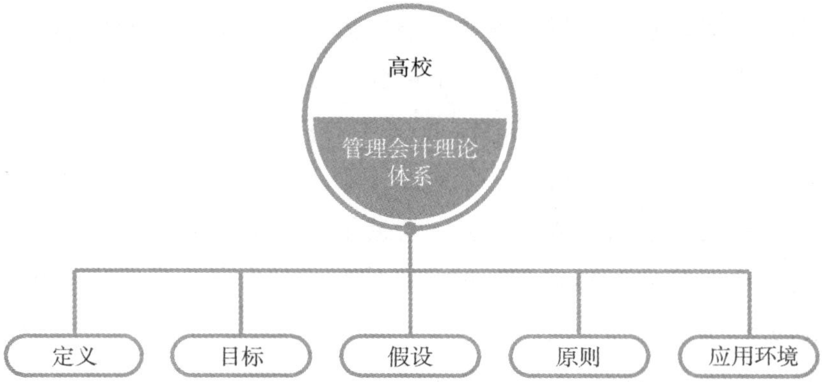

图 2-2　高校管理会计理论体系

（一）厘清高校管理会计定义

高校管理会计即管理会计在高校的应用，是指高校采用一系列方法与技术，基于财务和非财务信息，实现高校管理水平、经济效益以及社会效益提高的会计管理活动。

（二）明确高校管理会计目标

高校管理会计目标是高校管理会计理论体系的基本内容之一，高校管理会计实务与理论均以此为依据。因此，要想构建科学、合理的管理会计理论体系就必须从高校管理会计的目标出发，即高校管理会计人员首先要对高校管理会计目标进行研究，也就是要明确高校管理会计信息有什么作用、高校管理会计信息的服务对象是谁、高校管理会计信息应该满足服务对象的哪些需求。这些问题的答案最后会整合成高校管理会计的目标。只有对高校管理会计目标进行准确的界定，才能够确定相关工作如何开展，如收集与目标相关的管理会计数据，对其进行处理与加工，以此给高校管理会计信息使用者提供对决策有用的信息。

1. 高校管理会计总目标

从宏观角度来说，高校管理会计总目标是为高校管理者提供经营管理决策所需要的管理信息，从而提升高校办学效益。由此可见，高校管理会计信息的作用是为高校管理决策提供支持，也就是说高校管理会计信息为高校管理者服务。高校管理者所需要的信息包括高校财务成本核算、资源配置、财务状况及发展趋势等各方面的信息，高校管理者利用这些信息，最终能够实现高校价值最大化，提高高校的经济与社会效益。

2. 高校管理会计具体目标

（1）高校管理会计旨在支持高校管理者履行计划职能。计划是高校管理会计的重要职能之一，高校管理会计工作应当把计划作为自己的重点任务，根据高校经营管理决策，将经过决策程序所确定的经营管理目标列入高校经营管理计划。高校管理会计人员要对各项收支进行分析预测，根据预测结果制订相应的计划方案。不过，管理会计人员并不负责提供编制计划所需要的全部数据信息，而只是提供与财务收支相关的部分数据，一般可采用编制财务预算的方式提供这类数据。就高校管理而言，预算计划的正确制订有利于激励各部门发挥积极性，以实现高校总目标。

（2）高校管理会计旨在支持高校管理者履行控制职能。控制职能在高校管理中发挥着重要作用，是高校管理全过程的重要环节之一。要想使高校的整体发展目标与规划顺利达成，就需要对高校各种业务活动进行全面有效的控制。如果高校的各种业务活动都能按预先拟定的程序顺利进行，高校就基本可以达到预期的整体发展目标。

高校管理工作的全过程是从制定整体发展目标、编制计划、启动预算开始的，根据整体发展目标与规划安排人力、物力、财力资源，尽可能地完成既定的每个阶段的目标与规划。为此，高校管理者常常要根据各种数据信息来把握各项业务活动开展成果是否与预期一致，并找到存在的差异和造成差异的原因，及时做出相应的决策，实现对高校整体工作的全面控制。这些数据信息都需要管理会计人员来提供，这就体现出了管理会计的目标，即支持高校管理者履行控制职能。但是，一般来说，高校各项工作的推进往往无法完全与预期相吻合，会由于种种原因而产生偏差。这是由于高校所面临的社会和经济环境都在持续发生变化，高校管理者所做的预测无法准确判断未来长时间的变化。为此，高校管理者必须通过了解各种影响因素的变化情况，找出偏离计划的主要原因及责任归属，从而制定相应措施加以纠正，确保各项任务更接近预期的整体工作目标与规划，这就是高校管理会计的辅助目标。

（3）高校管理会计旨在支持高校管理者履行组织职能。高校管理要取得成功，离不开对高校各项业务活动进行有效的计划与控制，这种计划与控制都需要依靠高校管理人员来实施，这就需要高校管理者发挥组织职能。组织在高校管理中十分关键，高校管理会计作为一种专门的管理工具，对实现组织职能起着一定的支持作用。要想合理利用校内与校外的各种资源，顺利实现高校的整体发展目标与规划，高校管理人员一定要善于适应环境变化，持续完善下属机构设置，对包括财务机构在内的各个业务部门的权限进行合理调整，而这些设置和调整都离不开高校内部管理会计信息的提供。因此，高校管理会计在高校管理人员履行组织职能的过程中，必须在组织机构设计时建立高效的信息传递与报表制度以及严谨、完善的工作业绩考核制度，然后借助高校管理会计信息系统随时获取经营管理信息，帮助高校管理者发挥好组织职能。

（4）高校管理会计旨在支持高校管理者履行分级管理职能。在高校建立有效的内部管理体制，合理划分部门和岗位的权力界限是非常必要的。在现代高校，尤其是较大规模的高校，由于业务活动复杂、组织结构庞大、管理层次较多，如果一味地将权力集中在一起，校内的各种经营和管理活动都将无法顺利进行。因此，高校需要采取分级管理，将下属职能业务部门作为一个责任中心，把各个业务部门的职能都调动起来，提升业务部门主管人员的积极性，以较好地实现高校的整体发展目标。在这一过程中，管理会计人员需要针对每个部门的发展情况进行相关信息的收集、整理、报告，为高校管理者提供全面的管理信息，以便其更好地履行分级管理职能。

（三）确立高校管理会计假设

会计假设又称会计假定、会计前提等，是会计人员依据一定的科学事实和科学原理，对社会经济环境中那些未经确切认识或无法正面论证的经济事务或会计现象所做出的合乎情理的逻辑性推断或命题。会计假设是会计原则形成和发展的基础，具有客观性、普遍性、相对独立性等特点。

由于高校管理会计进行规划时所依据的信息主要来源于财务会计，高校管理会计基本假设的基本角度和基本方面与财务会计有相似之处。但高校管理会计是内部会计，主要服务于高校的内部管理，采用的方法也具有较大的灵活性，因此，需要对财务会计的基本假设进行修订，形成适用于高校管理会计的基本假设。根据高校管理会计的目标和对象，高校管理会计的基本假设主要有以下四个方面。

1.会计主体

会计主体假设划分了高校管理会计活动在空间上的范围。不同于财务会计中的会计主体，高校管理会计主要是向学校内部各级责任部门的管理人员提供有选择的、部分的、既定的管理信息，所以高校管理会计的主体除了高校整体之外，还包括高校内部各责任层次的责任部门。这种管理会计主体假设是由其自身性质决定的，具体可根据高校内部管理对管理部门的特定要求来确定，呈现出多样性与灵活性。

2.持续经营

管理会计的持续经营假设的内涵和财务会计是完全一致的。持续经营假设规定高校管理会计活动在时间上具有不间断性，也就是学校一切经营管理活动都会无限持续。唯有如此，高校管理会计才能够确保计划、决策、控制、考核以及其他活动中采取的特殊办法是稳定和有效的。持续经营假设与高校管理会计的基本目标相契合，高校管理会计要实现持续经营假设下的长期财务战略，并通过对各种可能发生的事项进行分析，制订相应的财务计划和预算，实现财务资源和非财务资源的合理配置以及价值创造。事实上，高校管理会计所实施的计划、决策、控制和业绩考核等活动基本建立在财务会计所提供的信息的基础之上，而财务会计获取信息的前提就是高校不能中断经营管理过程。也就是说，高校管理会计是在持续经营假设下促进高校不断发展并保持可持续增长能力的。

3.灵活分期

灵活分期假设为高校管理会计活动划分了时间范围，也就是把高校持续经营的管理活动分成一定阶段，为其及时提供有用的管理信息。这种以“分期”为主线的方法，既便于高校管理者对财务成果做出正确判断和合理分配，又能避免因分期不准确而造成决策失误或影响正常教学活动秩序。因为高校管理会计主要服务于校内各层次管理人员，所以从高校内部管理实际需求出发，分期可灵活多样，时间跨度弹性大，短则几天，长则几年，以便在不同阶段及时提供内部报告，对每个责任单位绩效进行控制与评价。另外，在分期时，还可采用多种方式对分期结果进行确认，以达到更真实、完整地反映高校财务状况和经营成果的目的。因此，高校管理会计分期具备高度的灵活性与不确定性。

4.多种计量单位

有别于财务会计，高校管理会计不能单纯以货币计量为假设。例如，高校在进行长期的投资决策与筹资决策时，绝不能假定货币的价值是恒定的，一定要考虑到货币的时间价值。所以，财务会计中货币计量与币值不变假设不适用于高校管理会计基本假设。由于高校管理会计在进行规划、决策、控制与业绩考核时，其计量单位不仅有货币，还必须大量应用实物单位、时间单位、相对数单位、综合计量单位等。这些计量属性决定了高校管理会计具有复杂性。复杂计量单位、计量方法的综合应用是高校管理会计与财务会计相区别的重要特征。高校只有根据内部管理上的不同要求，选用不同计量单位与计量方法，才会使得决策与结论更具有科学性与合理性。

（四）建立高校管理会计原则体系

高校管理会计原则，就是为实现高校管理会计目标而制定的规范与准则。高校管理会计原则是在高校管理会计实践中总结出来的经验，对管理会计工作具有普遍约束力，用以规范管理会计工作。高校管理会计原则不仅在高校管理会计理论体系中占有举足轻重的地位，也对高校管理会计实务具有关键的指导作用。根据《管理会计基本指引》，高校运用管理会计一般应遵循战略导向原则、融合性原则、适应性原则、成本效益原则四项基本原则。当然，高校亦可根据自身发展特点与规律，结合自身实际情况建立起适合自己特色的管理会计原则体系。

1.战略导向原则

高校管理会计的应用应以高校战略规划为导向，以持续为高校创造价值为核心，促进高校可持续发展。具体而言，高校战略规划最终能不能转化成支持高校可持续发展的竞争力的关键在于实施。战略规划的实施是一项比较复杂的系统工程，需要各方密切配合。与此同时，对战略规划实施效果进行科学评价也是一项非常具有挑战性的课题。管理会计是一种超越了简单数据计算的会计，组织运行的各个方面都可以被其完整地记录下来，从而帮助高校管理者充分把握高校战略运行的实际状况，及时采取纠偏措施或进行战略调整。这就决定了管理会计任务艰巨且繁杂，既要重视组织财务信息又要重视非财务信息，既要采集定量数据又要采集定性信息，既要注重短期绩效又要重视长期潜力，既要重视内部运行又要重视外部环境，既要评价战略的执行又要评价战略本身，既要对存在的问题进行剖析又要对成功经验进行总结，等等。可以说，管理会计几乎涵盖了高校运行的各个方面，所需收集的资料涉及面广、数量多，并且同高校中很多部门、岗位都有职能上的联系和交叉，是一项跨职能的工作，这给清晰界定管理会计与其他职能部门的边界，以及协调管理会计工作与其他职能部门工作的关系带来了困难。紧扣战略规划有利于化解这一困难，关键是依据战略规划对管理会计进行清晰定位，明确管理会计工作小组或部门如何建立，并以此为基础厘清其工作职责、重点和边界，保证高校管理会计的顺利实施。

2. 融合性原则

高校应将管理会计嵌入校内相关领域、层次、环节，以业务流程为基础，利用管理会计工具方法，将财务和业务有机融合。通俗来说，就是实现业财融合。业务和财务相当于一个硬币的两面，任何一个以价值创造为目标的组织，其运营流程都可以大体分为业务经营和组织管理两大体系。在这两个体系中，业务经营形成了组织运营的整体框架，涉及组织战略、发展模式和经营计划等，并由此带动价值链的各个运营环节；组织管理体系，如人力、法律、财务等部门，亦支持着组织的发展与价值创造。因此，作为组织管理体系重要组成部分的财务管理，其管理会计的应用必然也要实现与业务相融合。

3. 适应性原则

高校应用管理会计应从自身应用环境和特征出发，遵循适应性原则。即高校在实施管理会计的过程中，应充分考虑自身性质、规模、发展阶段、管理模式、治理水平等方面的特征，提高管理会计工具方法的选择匹配度，以促进管理效率和效益的提升。值得注意的是，由于高校内外部环境随时都在变化，高校自身也在持续发展中，高校的规模、发展阶段等特征随时可能发生相应的变化，这就要求高校不断地调整所应用的管理会计工具方法。因此，适应性原则的遵循并不是一劳永逸的，而是需要长期坚持。

4. 成本效益原则

高校应用管理会计应权衡实施成本和预期效益，合理、有效地推进管理会计应用。具体而言，高校选择不同的管理会计工具方法会产生不同的成本和收益，影响内部和外部信息使用者的决策。因此，唯有当选择某一管理会计工具方法所带来的效益大于成本时，高校才应该进行该项管理会计活动。例如，假设某一高校开展全面预算管理需要付出的管理成本要小于实施全面预算管理为其带来的收益，那么高校就应该实施全面预算管理；反之，如果所要付出的管理成本大于实际取得的收益，那么就没有实施的必要。

（五）把握高校管理会计应用环境

高校应用管理会计时，需要对其应用环境有一个全面的认识与分析。管理会计的应用环境是管理会计在高校中应用的基础，包括内部环境与外部环境两个方面。内部环境包括管理会计建设和实施相关的价值创造模式、组织架构、管理模式、资源保障、信息系统和其他要素，外部环境包括政府政策导向、社会需求变化、法律环境、不同行业发展情况等。

目前，我国高校管理会计应用环境随着应用实践的推进持续变化。由于我国高校经费来源以财政拨款为主，包括普惠性质的生均定额拨款、绩效性质的考核奖补，以及支持和提升性质的专项申报，政府是高校的第一投资人，因此，高校各项经费均属国有资产。我国国有资产所具有的保值增值属性和高校人才培养的业务属性决定着高校不以营利为目的，高校财务管理活动目标也不在于核算出收益多少、亏损多少。然而价值创造有导向功能，如果缺乏价值导向，高校就不可避免地要削弱单位内部管理会计的组织架构、管理模式、资源保障、信息系统等管理会计开展的内部环境因素，从而无法创造管理会计在高校应用的有利环境。这就需要从其他角度激发高校价值创造的内生动力，把握管理会计应用环境，具体需要注意以下几个要点。

第一，准确分析把握价值创造的规律，促进业财融合，为管理会计应用提供引导。

第二，针对组织架构的特点，建立并完善能适应管理会计活动需要的管理会计组织体系，其中要包含财务、业务及其他有关人员。具备条件的高校还要在内部建立一套与管理会计相适应的管理制度和工作流程，以便管理会计工作的顺利开展。

第三，按照管理模式明确责任主体，确定各级、各部门、各岗位之间的管理会计责任权限，拟订管理会计实施方案，确保管理会计职责的履行。

第四，做好人力、物力、财力资源的保障工作，强化资源整合，提高资源利用效率，保证管理会计工作的顺利进行。

第五，重视对管理会计人员理念、知识的培训和对管理会计人才的培养。

第六，把管理会计信息化的要求纳入信息系统的规划，通过对信息系统的集成、改建、新建等方式，适时、精准地提供相关管理信息，促进管理会计的实施。

二、有利于高校核心竞争能力提升

从实践角度来说，近几年，高校规模迅速扩张，各高校以提高教育教学质量为中心，从专业设置、教学计划、学科建设、教学模式及内部管理体制等方面持续进行改革，增强了综合实力。高校属于社会公益性事业单位，在财务管理方面具有明显的公益性质。作为非营利性教育机构，高校把服务社会、培养人才作为自己的使命，这与企业有着本质区别。因此，高校的财务工作也不同于一般的企业，在整个高校管理中有着不可替代的作用。高校在实际开展财务管理工作的过程中，充分运用管理会计可以科学地预测经济活动，正确地做出财务经营决策，有利于围绕提升核心竞争力的终极目标，实现内涵式发展、提升财务管理水平、优化资源配置（见图 2-3）。

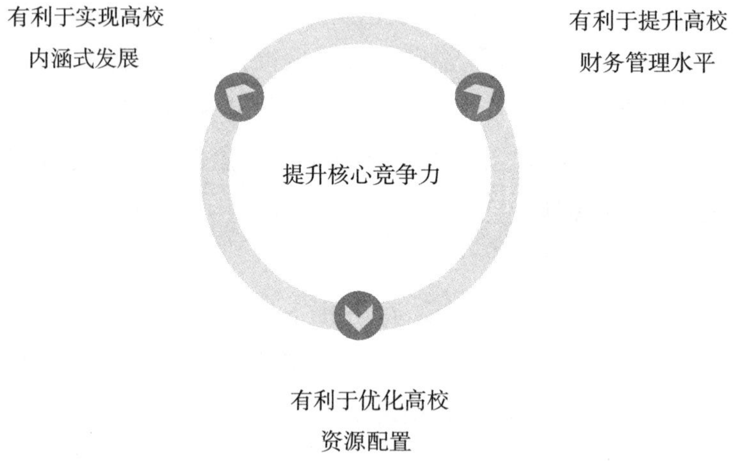

图 2-3　管理会计在高校中应用的实践意义

（一）有利于实现高校内涵式发展

2012 年 3 月，我国教育部印发了《教育部关于全面提高高等教育质量的若干意见》，其中首次提出“稳定规模、优化结构、强化特色、注重创新”的高等教育内涵式发展总体要求。2020 年 11 月，我国教育部印发的《第五轮学科评估工作方案》指出，加快建立中国特色、世界水平的教育评价体系，提升我国学科建设水平和人才培养质量，推动实现高等教育内涵式发展。新时期，我国经济社会高质量发展，对人才提出了更高的要求，因此，国家对高等教育的投入力度越来越大，同时也提高了对高校内部治理体系建设的重视程度。高校作为促进经济社会发展的主要机构，必须着眼于人才的培养，投身社会科研创新工作，面向社会开展公益性服务工作。因此，为了适应时代发展需要，推动我国高等教育事业快速稳定发展，各高校都开始将重心放在了内涵建设上。高校要想实现内涵式发展，就要改变传统的外延式发展方针，根据自身发展的现实条件，遵循教育规律，坚持走教学质量提升的内涵式发展道路。

随着教育体制改革的不断深化，我国高校财务管理模式不断完善，逐渐形成了新时期的特色财务管理体系。高校要实现内涵式发展，就必须提高教育经费管理水平和经费管理效益，为高校的综合治理提供保障。

高校财务管理是一项复杂的系统工程，它贯穿学校一切经济业务，为高校各活动事项提供财务支持，高校的每一个院系、单位在资金方面无不和财务部门产生联系。因此，加强高校的财务管理是非常重要的一项工作。财务部门还需持续提升资金的使用效率，维持同各部门、各单位的合作关系，持续统筹各方面工作，充分发挥服务职能，从而促进高校整体发展目标的达成。高校财务管理主要包括预算管理、后勤财务管理、专项资金管理、教育事业费管理、科研经费管理、基本建设管理、产业管理、会计人员与档案管理等内容。在高校财务管理体系中，管理会计处于主导地位，管理会计工作与高校的其他管理工作息息相关，具有先进性与科学性。管理会计的应用能力也是衡量一个高校财务管理能力高低的重要标准之一。

总之，积极应用管理会计，能够促使高校适应国家要求，优化自身经济活动与财务管理模式，为高校内涵式发展提供财务管理支持，从而提升高校的核心竞争能力。

（二）有利于提升高校财务管理水平

管理会计在高校中的应用有利于提升高校财务管理水平，进而提升高校的核心竞争能力。

一方面，高校运用管理会计可以主动地转变财务管理思维。从新时期经济发展背景进行分析，高校提高对管理会计的重视程度，有利于督促内部其他部门和财务管理部门之间进行沟通和合作，做到资源共享和管理统一，降低经营风险，提高管理效率和经济效益，实现可持续发展。

另一方面，高校管理会计在不断发展与创新的过程中一直密切结合高校的财务管理工作，有利于实现财务一体化管理，找到一条符合高校发展模式的财务管理道路。创新应用管理会计，可以把高校各种财务管理内容有机融合在一起，精确预测高校内部经济活动，发挥管理会计应有的作用，客观公正地控制支出，为高校的财务管理提供建议，凭借管理会计的多方面服务功能，为高校的财务管理提供有力的基础保障。

总之，高校在管理会计创新的推动下可以改进传统的财务管理模式，从而提高财务管理的整体水平，对内部管理工作的开展起到积极的促进作用。

（三）有利于优化高校资源配置

我国十分重视高等教育事业，高校已逐步成为我国科技创新体系的中坚力量。随着市场经济体制改革的不断深入，各地方政府都加大了对高等院校办学资源优化配置的力度。在我国高校教学工作飞速发展的今天，教育资金与科研经费投入不断增加，高校的经费来源逐渐趋向多样化。

高校科研实力的增强对高校科研经费的管理提出了更高要求。近年来高校各类资金的使用情况及产出效益是社会十分关注的问题，高校信息公开工作在全国范围内逐步推广，决算收支公开等举措也正在实行，这敦促高校对各项资金进行严格管理，接受社会及上级单位的监督。财务部门作为高校财务活动的核心，主要任务是为广大师生提供良好的财务服务，因此，加强对高校科研经费的精细化管理显得尤为重要。科学地应用管理会计管理高校教育经费和科研经费，能彰显高校财务管理工作管控水平，优化高校资源配置。

另外，高校财务信息化建设程度越高，内部控制管理水平就越高，对于资源配置的优化力度就越大。如果高校的内部控制管理比较宽松，则极易造成教育科研经费的严重浪费或使用不当等后果，导致教育资源使用效率下降。因此，如何强化管理会计功能、提升管理效率是各高校急需解决的问题之一，对高校发展具有重要意义。为此，各高校要加强内部管理控制，借助管理会计的改进和创新构造合理的量化指标，实施教育经费和科研经费执行情况的业绩评价；对不同的教育科研项目进行分析量化，全面发挥管理会计的作用，彰显管理会计的优越性，实现对高校经费的合理控制，达到资源优化配置的目的。

第三节　管理会计在高校管理工作中的应用策略

实现管理会计在高校中的应用要从三个策略入手，即顶层设计、多方协同、信息化技术支持（见图 2-4）。其中，顶层设计是应用的战略方案，多方协同是应用的基础保障，信息化技术支持是应用的技术助力，三者共同为管理会计在高校中的应用实践提供方向指引。

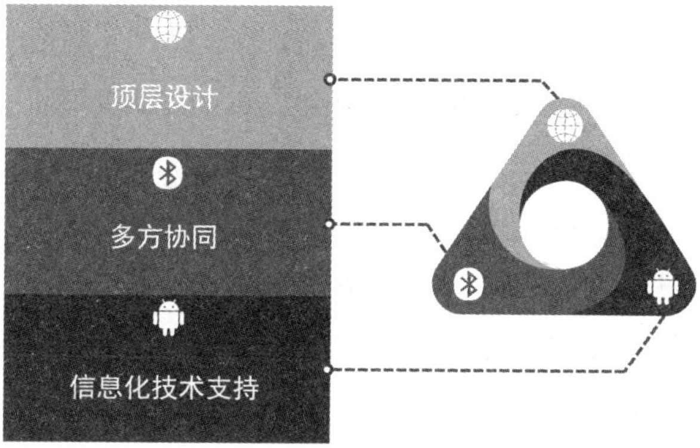

图 2-4　管理会计在高校中的应用策略

一、顶层设计

顶层设计是高校应用管理会计的战略起点，是高校推进管理会计体系建设的总体布局。高校做好顶层设计必须把握管理会计应用的特殊性，坚持管理会计应用的长期性，明确管理会计应用的全局性。

（一）把握高校管理会计应用的特殊性

管理会计在高校中的应用有其特殊性，这种特殊性体现在高校的性质上。高校进行战略布局首先要从认识这一特殊性开始。

第一，高校管理会计的特殊性体现在与企业管理会计之间存在的显著差异上。企业十分重视价值创造，将利润最大化作为企业追求的目标。而高校作为非营利性组织，不能直接产生利润，自然也就不会谋求利润最大化，因此，高校要实现管理会计的目标只能从成本的控制与节约两方面努力。如此一来，高校管理会计就无法像企业管理会计一样发挥全部的会计功能，这是其特殊性之一。为此，高校管理会计的应用可以侧重于强调成本控制，做好预算管理与内部控制。

第二，高校管理会计的特殊性体现在与政府管理会计之间存在的显著差异上。在政府管理会计中，投融资行为十分常见。所谓政府投融资，就是政府为了达到宏观调控经济活动的目的，凭借自身信用筹集和使用资金的一种金融活动，在政府财政中占有举足轻重的地位。政府投融资的主体是地方政府或代表政府进行投融资活动的国有独资企业，具有法人资格。但高校管理会计的投融资行为具有严格限制。根据《高等学校财务制度》第五十条规定，对外投资是指高等学校依法利用货币资金、实物、无形资产等方式向其他单位的投资。高等学校应当严格控制对外投资，利用国有资产对外投资应当有利于事业发展和实现国有资产保值增值，符合国家有关规定，经可行性研究和集体决策，按照规定的权限和程序进行。高等学校不得使用财政拨款及其结余进行对外投资，不得从事股票、期货、基金、企业债券等投资。另外，民办高校不得使用财政拨款或结余进行对外投资，并且不得从事股票、期货、基金、企业债券等投资。在这些限制下，高校管理会计对投融资决策的支持作用很难得到发挥，这是其特殊性之一。为此，高校可以将管理会计的应用重点放在预算与成本管理、内部控制与风险管理、绩效管理等方面。

第三，高校管理会计的特殊性体现在与其他事业单位管理会计之间存在的显著差异上。以医院为例，医院也是非营利性组织，但是其成本费用却很容易对象化为个体，如患者等。然而，高校的管理会计成本费用很难对象化到学生等个体。由于这一特殊性，高校管理会计对其成本费用的核算成为一个难题。为此，高校管理会计对所产生的成本费用进行科学合理的对象化将是其实践的一个重点。

（二）坚持高校管理会计应用的长期性

管理会计正在潜移默化地影响着我国各大高校。管理会计最核心的作用就是加强高校财务管理工作整体质量，为高校的发展提供更多帮助和支持，同时也可以促进高校内部各项经济活动的快速运转，实现资源的优化配置以及对未来发展规划的准确预测。管理会计在高校的应用实际上是高校财务改革的一种途径。高校的财务改革并非一蹴而就，而是一个长期的过程，改革的脚步迈得太快太急很容易带来隐患。因此，要坚持高校管理会计应用的长期性。

我国高校可以将管理会计应用实践推进期限拉长到 5 ～ 10 年，在推进过程中，加深高校领导者对管理会计特殊性的了解，立足于高校实际运行情况、地域特点等，分层次、分阶段地进行管理会计实践，一步一个脚印、循序渐进地开展管理会计工作。在开展管理会计工作时，高校须结合内外部环境变化，对管理会计工作有关内容进行科学调整，唯有如此才能够切实提高高校管理会计的工作质量，确保高校管理会计工作高效推进。

（三）明确高校管理会计应用的全局性

高校管理会计应用建设不是一项单一的任务，而是一个复杂的体系建设，具有全局性，高校管理会计应用要从战略高度全局规划管理会计方法运用，对拟用方法进行筛选，确定应用路径，使之成为企业管理体系的主线和核心。通过全局规划建构起来的管理会计体系，重在发挥各种管理手段的合力。具体而言，管理会计全局规划解决了管理会计体系目标定位、工具方法选择以及建设路径确定等具体事项。

首先，高校应在管理会计全局规划中明确自己的发展阶段、目标与任务。任何一个高校建立管理会计应用体系的前提都是立足于自身特点，以满足当前管理需求为基础，如控制成本等。高校应用管理会计不能为了应用而应用，一定要以切实提升高校管理水平、提高高校竞争力为目标，将管理会计与高校的战略联系起来，然后结合高校自身发展特点以及当前所处的发展阶段，找到管理会计应用的侧重点。

其次，高校应在管理会计全局规划中找到路径突破口。由于管理会计工具方法十分丰富，各高校自身特点不同，发展阶段也不同，这就使得在管理会计应用之初很可能会产生一系列特殊情况。为此，高校要从众多管理会计工具方法中选定最为合适的、最能满足高校目标要求的管理会计工具方法，确定具体的全局规划路径。如首先进行预算管理，还是进行成本管理？如果首先进行预算管理，要达到什么样的管理目标？要一步直接构建全面预算管理体系，还是先从某一部门预算入手循序渐进？全面预算管理体系是在高校内部整体同步进行构建，还是先在某一部门试点，然后逐步推广？什么时候实现高校全覆盖？应全面构思管理会计应用步骤。

最后，高校应在管理会计全局规划中全面考虑基础建设。一是在组织架构维度，高校要优化财务组织机构设置，实现财务会计和管理会计岗位职能的分离，逐级建立管理会计相关岗位，实现高校财务岗位职能向管理会计的转变。二是增加人员储备。高校管理会计的应用发展需要人力资源基础，高校财务人员必须加速向管理会计过渡，从业务视角、管理者视角、战略视角考虑问题，并且逐渐提高工作建模与分析能力，制定清晰的职业路径规划。三是推进系统平台建设。在当今这个信息化时代，高校管理会计应用离不开系统平台的支持，借助信息化的系统平台，可以促成会计信息系统和其他部门信息系统、预算管理系统、绩效管理系统的有机结合，把全局规划以工作流程的形式落实在具体的作业中，助力精细化管理功能的发挥。

二、多方协同

（一）高校各管理部门协同

随着高校规模的日益扩大，高校内部管理部门间关联度和依赖性越来越强，高校在发展过程中实施的诸多改革均需各管理部门之间的配合和协作。毋庸置疑，高校内部管理机构是高校经营与发展的公共管理环境与基础性平台。促进高校内部各管理部门间的协同是提高高校内部管理效能的必然要求，也是促进高校管理会计应用的重要策略之一，具体可以从以下三个方面入手。

1.明确部门职责、重视公共服务

当高校每个部门都明确自身职责、重视公共服务时，管理会计信息的收集就会更加顺畅。一般来说，高校内部管理部门的功能主要表现为四个方面：基本事务管理、信息与政策服务、评估与决策服务、协调与保障服务。基本事务管理是高校管理部门的一项常规业务，需要实现业务的流程化与可操作化，为广大教师和学生提供高效、便捷的服务。信息与政策服务属于管理部门的对外业务，一定要做到全面掌握本部门有关的信息资源、政策法规等，并适时进行消化、吸收和融合，为广大教师和学生提供公共信息和相关政策信息。评估与决策服务需要管理部门在其职权范围内，科学评价并有效判断高校发展情况，协助高校领导做出合理决策。协调与保障服务是管理部门的根本业务，各个部门不应仅仅注重内部事务，还需要与其他部门共同努力，形成合力，促进高校的全面发展。

2. 发挥部门价值、强调整体性和责任性

管理部门为高校内部管理提供了公共平台，其工作具有整体性与责任性。整体性的实质就在于协同作用的发挥，既需要高校内部各管理部门之间的协同合作，也需要各管理部门与各学院之间的协同合作。对高校管理会计的应用整体性的把握要求财务部门与不同管理部门之间加强协作，秉持本校核心价值理念，采取协同工作模式，从而实现高校管理会计服务全体师生和高校发展、为高校内部公共管理提供优质服务等目标。对高校管理会计应用要在强调整体性的同时实行责任制，健全监督问责机制，即实行高校责任会计。责任会计是高校财务管理的重要组成部分，也是管理会计不可或缺的环节。高校要建立责任会计制度，设置全方位的财务管理责任部门，各个部门要履行好自身的财务管理责任，各司其职、通力合作，充分发挥管理会计的优势，以此来促进高校财务管理能力的提高，充分发挥各个部门的价值。

3. 重组部门结构、重视分权和制衡

高校必须适应不断变化的内外部环境，适时进行内部管理部门结构的调整，加强部门之间的协调，既可以把职权类似的部门合并重组成一个新部门，也可以采取明确部门权责的措施，规范各部门的工作流程，使各部门间的合作更加顺畅，实现工作流程优化。高校管理会计应用不仅仅是财务部门的任务，还需要各个部门的通力合作。重组内部部门结构有利于优化管理会计工作流程，方便高校管理会计信息的收集、处理与报告等工作。在推进高校管理会计应用的过程中，重组部门结构时必须重视分权与制衡，预防权力与责任出现“越位”“错位”“缺位”等情况，在权责运转上持续完善监督机制，保证各部门间的权力均衡，使高校内部管理效能持续提升，为高校管理质量的整体提升保驾护航。

（二）高校管理会计与财务会计协同

管理会计和财务会计都属于会计体系的组成部分，二者相互支撑、相互制约，共同构成高校财务活动。因此，从这一角度来说，管理会计和财务会计有着相同的发展环境，都可以对高校的经济活动做出记录、分析、评价，也都可以为高校的发展提供支持。

首先，管理会计和财务会计都属于高校的财务管理活动。从本质上来说，管理会计和财务会计都是为了帮助高校管理者更好地实施对高校各项事务的管理。高校管理会计主要是对高校的信息进行收集、处理、利用等，以此来完成对高校经济活动的指导、组织、调节和控制，从而帮助高校管理者更好地分析利弊，有效规避风险，做出科学的决策。财务会计主要是对高校经济活动的实际运行情况进行记录、总结，帮助高校及时发现其在发展过程中存在的问题，以便及时采取应对措施，实现更好的发展。

其次，管理会计和财务会计信息的来源具有一致性，二者的信息来源都离不开高校生产经营活动的原始资料。管理会计在具体操作过程中，主要对信息资料进行收集和整理，为了保证资料的真实性，管理会计在收集信息时会注重信息收集的广泛性，尽可能多地从多个方面整理信息资料。但管理会计要发挥为高校管理层提供信息的支撑这一重要作用，还需要依靠对会计核算资料的编制和处理，即以财务会计相关的会计方法和处理程序来对账簿、报表进行编制和记录。因此，实现管理会计和财务会计的协同才是促进高校发展的关键。

再次，管理会计和财务会计都具有考核和控制职能。监督与核算是高校财务会计的两个基本职能。具体来说，财务会计的监督与核算职能主要是以高校现有的生产经营活动为基础，通过对高校经营活动成本的检查、考核，发现高校的经营预算成本、经营目标和经营实际情况的差异性，并对其做进一步的分析，尽可能找出差异的原因，及时采取相关的应对措施。管理会计的监督与核算职能主要涉及高校的经营成本费用、经济活动的预算以及高校人员工作情况这三个方面，这与财务会计具有一致性。与此同时，从根本上来说，高校的财务会计和管理会计都需要对高校产权变动情况以及资源要素的交易情况进行控制、计量和确认，尽管二者在分工和侧重点方面具有差异性，但总的来说，管理会计和财务会计的目的都是控制高校经营成本，提高高校的经营效益。

最后，管理会计和财务会计的目的具有一致性。高校管理会计的最终目的是通过对高校经营活动、生产活动进行控制和改进，促使高校创造价值。高校财务会计的目的主要是通过对财务报表进行编制，帮助政府等信息使用者更好地了解高校的实际发展情况，从而提高对高校的资源支持力度，帮助高校吸收更多的发展资金。随着经济的发展，高校经营决策也越发重要，科学的决策需要高校管理会计和财务会计的共同支持。

三、信息化技术支持

我国会计信息化技术前景广阔，覆盖面也较大，许多行业已经把会计信息化技术运用到了日常的生产活动中，高校也不例外。随着信息化技术在我国的不断发展，国内管理会计行业相关的财务管理软件逐步得到普及。如今，会计信息化趋势已经势不可当，许多高校在开展财务管理工作时，都将信息化技术运用其中。高校会计信息化指的就是借助先进、科学的信息化技术，实现高校会计资料及相关信息的统计、储存、分析等功能，使高校的日常管理工作具备强有力的数据支撑，这也是高校有效运转的一种重要手段。因此，信息化技术支持是管理会计在高校的重要应用策略之一，有助于实现高校会计信息化。

（一）高校管理会计信息化的重要性

1. 简化管理会计工作流程

一个全面、科学的管理会计信息化系统能够有效地协助管理会计人员开展工作，一些相对简单、过程相对烦琐且重复性强的工作可直接交由管理会计信息系统来分析、处理。管理会计信息系统还可以完成一些比较简单的财务指标计算，管理会计人员可等管理会计信息化系统将数据进行处理后，再做详细的分析，这在很大程度上减少了人工数据收集工作的偏差，如遗留、重复等现象，较好地简化了管理会计工作流程，提升了管理会计人员工作的效率与质量，使高校资金能够得到合理利用。

2. 完善会计档案管理

在传统管理会计工作中，档案均以纸张形式保存，这种方法不但极易造成档案丢失，而且增加了管理会计工作人员的后期养护与维修工作量。管理会计信息化能够把档案输入信息系统，通过网络加以保存，这就大大降低了档案丢失的可能性。同时，电子化的档案可以不受潮湿、虫蛀等自然因素影响，进行长期保存，这在很大程度上降低了管理会计工作人员的工作难度，还能进一步完善会计档案管理。

3. 改善内部员工和财务部门之间的关系

建立管理会计信息化系统，既可以较好地解决传统管理会计工作中存在的问题，又可以更好地促进高校内部工作人员与财务部门协调作业，更好地发挥高校内部管理部门之间的协同效应。例如，传统管理会计工作中的报销过程较为复杂，内部员工在报销时极易发生报销不及时、数据统计不到位的情况；管理会计信息化系统则能够使高校内部教职员工在信息技术平台上实现报销，简化报销流程，自动统计报销数据，使高校教职员工能把更多精力和时间用在提高自身能力和高校建设上。

（二）实现管理会计信息化

1. 加强高校管理层对管理会计信息化工作的重视

当前，国内管理会计信息化应用最广泛的就是企业，许多高校管理人员及领导对管理会计尚未形成综合、系统的理解，这使得高校管理会计人员在开展管理会计信息化工作时很可能遇到难题。一方面，高校构建一个管理会计信息化系统前期需要投入大量的经费，这些经费不仅用于促进管理会计技术发展、核算软件的研发与后期维护，还用于管理会计工作人员业务能力的提升；另一方面，管理会计信息化建设是一个长期的过程，即使高校改变了传统的核算方式，在短期内也无法获得显著的收益。这两方面的因素让部分高校管理人员很难在短期内看到管理会计信息化建设的价值，容易降低高校管理人员对管理会计信息化工作的关注度。为此，必须加强高校管理层对管理会计信息化工作的重视，加快高校管理会计信息化发展进程。

2. 分段推进高校管理会计信息化系统建设

在高校管理会计信息化系统建设初级阶段，管理会计涉及大量的公式与计算，面对复杂的决策问题，常常还要用到运筹学、概率论以及其他理论与方法进行求解。对高校财务人员而言，想在短期内熟练运用信息化技术难度较大。在这种情况下，若能把管理会计理论中常采用的分析思想与计算过程发展为结构化软件模块，将会大大方便从事管理会计工作的财务人员顺利开展工作。例如，若在成本分解时采用回归分析法，那么连对 Excel 软件了如指掌的会计人员也要花些时间去编制公式；又如，对于本量利分析的平衡点计算和影响分析，管理会计人员为了更加形象地描绘出趋势曲线，常常需要在报表上画出相应的图表。如果开发并运用计算机模块化应用工具，那么上述计算与图表难题均可迎刃而解，这样就可以让高校财务人员更加方便地运用管理会计工具方法开展工作。

在高校管理会计信息化系统建设高级阶段，高校可以在信息化技术的支持下，在已有财务软件、学校信息管理系统及其他数据系统的基础上，开发出高校专属管理会计系统，增强高校管理会计信息化系统的适应性。目前各高校采用的主流财务软件以财务核算为主要功能，对管理会计的内容涉及较少，有的甚至完全没有相关功能。现在还没有真正能够将会计信息完全转化为管理信息，为高校的管理与决策提供直接、全面、高效信息的高校专属管理会计系统。可以说，这是一个有着广阔前景和迫切需求的待开发领域，计算机与网络技术的蓬勃发展，不管是在提供丰富、准确、及时的信息资源方面，还是在提供强大的信息处理手段、节约人力和物力方面，都将为高校管理会计信息化提供强有力的支持。所以，未来的高校管理会计信息化建设将朝着更高级的软件开发方向发展，高校可与软件开发公司合作，立足于高校现有的财务软件及信息化管理软件，以校园大数据为支撑，实现数字化校园数据的衔接，开发出更高级的管理会计软件。例如，将信息化管理软件和校园一卡通系统相互连接，基于校园一卡通的数据，可以确定学生的消费额度、消费频次及其他消费信息，继而对学生目前经济状况进行数据分析，为高校贫困生资助政策的制定提供可靠的数据支持。

第三章　管理会计在高校财务机构管理中的应用

财务机构是高校财务管理工作的主阵地，管理会计在高校的应用要从对财务机构的管理入手，优化高校财务机构设置，平衡各方面关系，以现代化的财务机构治理体系为管理会计的应用奠定基础。通过增设管理会计岗位、培养财务人员管理会计意识等途径，全方位地将管理会计内容和思想嵌入高校财务机构管理，为后续相关管理会计工作的开展提供便利。

第一节　高校财务机构管理的基本内容

一、高校财务机构设置

（一）高校财务管理体制

高校财务机构是遵循国家统一规定设置的。根据2022年6月财政部、教育部新修订的《高等学校财务制度》（以下简称《制度》）规定，高校财务管理体制设置内容如下。

1.“统一领导、集中管理”与“统一领导、分级管理”

按照《制度》规定，普通高等学校实行“统一领导、集中管理”的财务管理体制，规模较大的高校可实行“统一领导、分级管理”的财务管理体制。这两者的核心区别体现出高校在集权和分权之间的有效抉择。

在高校财务管理体制中，集权与分权之间的有效抉择处于核心地位。高校作为我国高等教育事业发展的主体，其财务管理体制必须适应经济全球化进程以及社会主义市场经济对教育事业提出的要求，这样才能更好地实现对自身的管理。高校的机构设置与管理层次的划分有别于国家行政级别划分，高校校级和二级机构之间的关系既不同于中央政府和地方政府之间的关系，也不同于母公司和子公司之间的关系，高校的二级单位并非有决策权的独立办学实体，而是仅有执行权的分支部门。因此，高校决策权由校级管理机构掌控。目前我国高等教育事业正处在改革发展阶段，在财务管理体制完善进程中，高校有必要以加强财务管理统一化为前提，制定统一的财务方针和规章制度，通过对资金进行合理配置，实现财务权力向各二级机构的适度下放，各二级机构需服从校级机构的管理，确保各项活动的进行不会脱离校级管理方案，从而为高校人事、教学、科研及其他各项工作的顺利开展提供保障，并借助清晰的奖罚机制充分调动各级机构的工作积极性。

2. 校（院）长负责制

按照《制度》规定，高校财务工作由党委领导，校（院）长负责。高校应在校级行政领导班子中设立总会计师岗位，或者配备有财务管理背景的副校级行政领导成员，协助校（院）长做好学校的财务工作。

高校校长作为学校法定代表人，全面领导学校管理工作，理应对学校一切事务承担责任，包括财务工作。这一点在《中华人民共和国会计法》中可以找到依据。《中华人民共和国会计法》明确规定了“单位负责人对本单位的会计工作和会计资料的真实性、完整性负责”。换言之，校（院）长在高校会计行为中处于责任主体地位，承担学校财务责任。校（院）长负责制是高校财务管理的核心，是高校经济责任制建立和完善的关键。

（二）高校财务组织结构

《制度》规定，高等学校应分别建立一级财务机构，并配备专业化的一级财务机构负责人，由校（院）长和分管领导带队，对学校财务工作实行统一管理。高等学校在校内为工作需要而设立的非独立法人财务机构应成为该校二级财务机构。二级财务机构应遵守并执行本校统一制定的各项财务规章制度，并由校一级财务机构统一领导、监督、检查。同时，高等学校财务机构要配备专职的财务和会计人员，这些人员应具有与所从事的工作岗位相匹配的专业能力。财务和会计人员的调入、调出、专业技术职务评聘等工作，应在校一级财务机构和相关部门的配合下统一办理。校二级财务机构负责人的任免、调动、撤换，应向校一级财务机构征求建议。

当前，我国各高校的财务机构统称为计划财务处、财务处或财务部等，负责全校财务、会计业务和有关事项。其下设各部门根据高校工作需要可有所区别，一般包括计划财务与综合管理科、会计核算科、资金结算中心、基建财务科、收费管理与信息技术科、会计稽核科等。部分高校还设有“一卡通”结算中心、资产经营公司财务部、科技园财务部等。国家专项研究扶持的一些高校还应设置专项资金管理科、科研经费管理科等。如图 3-1 所示。

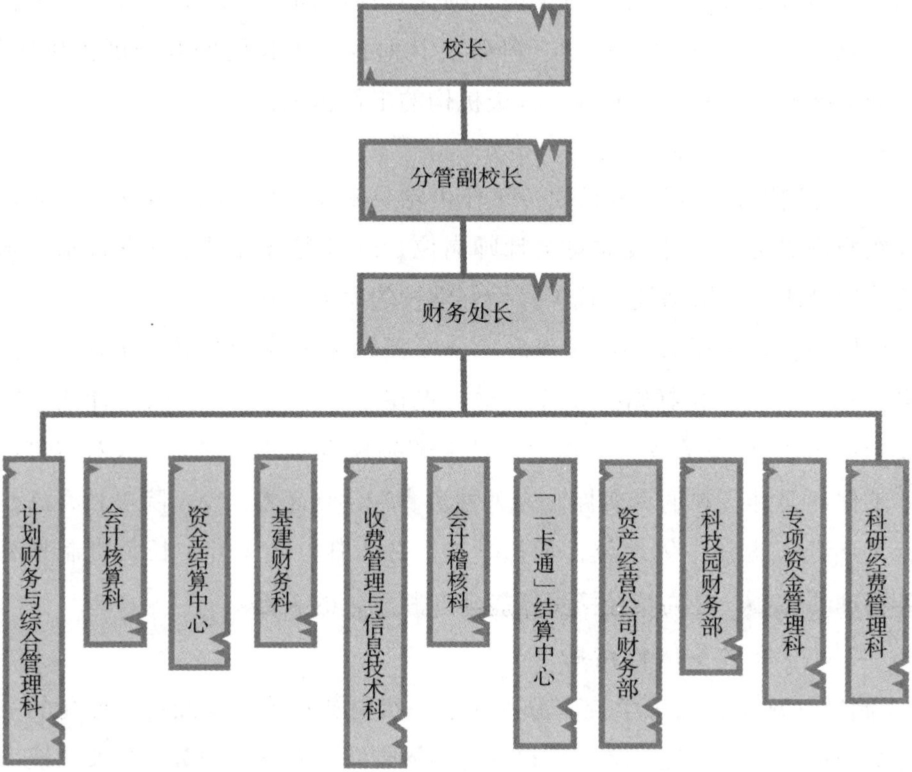

图 3-1　高校财务管理组织结构

二、高校财务岗位及职责

高校财务岗位及职责是高校财务机构维持正常运转的基础，体现了各项工作的具体分工，是构成高校财务管理体制的关键因素。高校财务岗位包括总会计师岗位和一般财务人员岗位。

（一）高校总会计师岗位及职责

自 1988 年发布的《高等学校总会计师工作试行规程》实施至今，国务院、国家教育委员会、财政部、教育部及其他部门曾多次提出要建立健全高校总会计师管理制度。特别是扩招后的高校，其财务管理范畴逐步拓展，承载着越来越多的业务功能，使得原有财务管理体制很难适应高校发展步伐，迫切需要更专业、更富有经验的财务领导者对高校财务工作开展宏观管理。

当前高校的资金来源渠道已由原来单一的财政拨款，发展到财（财政拨款）、费（学费）、产（校办产业上交）、社（社会捐赠）、基（教育基金）、科（科研经费）、贷（银行贷款）七种渠道。在资金来源渠道多元化的今天，高校财务关系也变得越来越复杂，从最初简单的高校和教育部的纵向财务关系，向高校与高校、高校与其他单位、高校与个人等交错的网状财务关系发展。在此背景下，若高校仍采用校（院）长代总会计师主管财务工作这一传统职权制，即由一名副校（院）长负责教学、科研、后勤等管理工作的同时兼任财务工作，将会使高校宏观层面的财务情况缺少专人协调，不利于平衡高校各关系链条。这就要求高校正视发展所带来的越来越复杂的财务状况，依靠既熟练掌握财务知识，又能为高校经济活动提供权威性决策建议的人才来全面负责高校财务工作，也就是推行总会计师制度。

总会计师是高校校长管理学校财经工作的助手，协助校长全面领导学校财经工作。总会计师应该严格执行国家的财经政策和法规，建立健全学校内部经济责任制，改善和加强财务管理，讲求经济效益，并对学校的财务状况负责，对学校财经活动的合法性和合理性负责。

高校总会计师的任职资格较高，一要具有较强的政治素养和良好的职业操守，忠于职守、勇于创新、坚持原则、廉洁奉公，全心全意为人民服务；二要熟悉并规范执行国家财经纪律、法规、方针、政策和制度，有较高的政策理论水平；三要有较强的组织领导能力、协调能力，有丰富的业务经验和突出的工作成绩，在教职员工中有较高威信，同时身体健康，能胜任本职工作。

（二）高校一般财务人员岗位及职责

高校一般财务人员岗位一般根据高校财务管理的内容进行具体设定，并根据工作量的大小配置合理的岗位人数。不同的高校可以对高校一般财务人员岗位及其人数进行灵活的调整。具体岗位如图 3-2 所示。

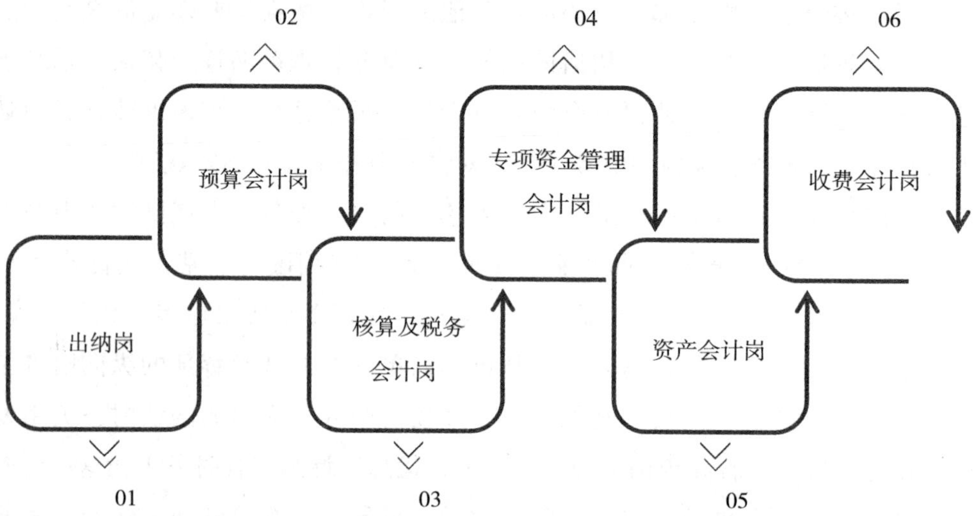

图 3-2　高校一般财务人员岗位

1. 出纳岗

高校财务处出纳岗主要负责现金出纳和银行出纳工作。出纳岗开展现金出纳工作时要严格执行现金管理制度，依法开展现金收付业务，不得以“白条”抵库，严禁私自挪用现金；负责教职员工的工资、各类奖励绩效的发放和教职员工公务卡支出的报销，保管好库存现金及银行出纳私章；审核所报销的各种原始凭证和其他报销附件的真实性、合法性和必要性；编制当日会计凭证，按顺序号整理完毕后交会计人员复核；每月进行往来款项的核对清理；负责银行网银支付的审核和工资数据的上传。出纳岗开展银行出纳工作时要严格执行银行存款管理制度，熟悉各账户的基本情况；正确运用各种银行结算凭证，办理银行收、付款业务，谨防“串户”现象的发生；不得签发空头支票，严禁空白支票外流；审核所报销的各种原始凭证和其他报销附件的真实性、合法性和必要性；编制当日会计凭证，按顺序号整理完毕后交会计人员复核；保管好银行支票等各种银行空白票据、法人私章、网银支付工具；掌握银行存款动态、用款进度、存款余额等情况，尤其是“国库支付”资金到位、使用情况，发现问题要及时报告、处理；负责银行账户的月末对账工作，编制银行存款余额表及银行余额调节表，并附注相关说明；每月进行往来款项的核对清理；坚持“收支两条线”，每月末将应缴财政专户资金上缴非税收入管理局；负责资金方面数据的报送工作。

2. 预算会计岗

高校财务处预算会计岗主要负责财务预算编制的前期准备及财政部门预算的录入工作；按照批复的预算下达年度预算指标；审核预算支出，掌握预算执行进度，监督预算的执行情况，严格按照批复的预算，控制各项经费支出；根据财务预算执行情况，提交预算执行情况分析报告。

3. 核算及税务会计岗

高校财务处核算及税务会计岗主要负责根据人事处提供的工资变动通知及时调整工资；负责与人事处有关人员准确核算每位教职员工的月工资，并按月准时编制工资表；负责学校教职工住房公积金的扣缴、核对；负责高校各项税款的代扣代缴，并与税务部门沟通；负责各类工资数据的报送、会计档案保管及会计资料的查询工作。

4. 专项资金管理会计岗

高校财务处专项资金管理会计岗主要负责组织专项资金的论证、分配及上报工作，按要求设立、登记专项资金台账及明细账；负责专项资金的预算编制，并监督执行；按期将专项资金执行进度上报项目负责人及财务处管理人员；负责各种统计报表的编制、报送及存档，会计档案的装订，财务处党务工作。

5. 资产会计岗

高校财务处资产会计岗主要负责学校资产管理工作，具体包括做好学校资产的会计入账工作，做好资产新增、变更、报废的审核工作，做好财政部每年资产报表的汇总编报工作；定期组织归口管理部门对学校资产进行账、卡、物核对工作；办理学校资产报损报废的审批工作；负责文件管理工作，做好各类文件的收发和归档工作，做好相关文件的起草工作；负责财务处计算机硬件及财务软件系统的日常维护工作。

6. 收费会计岗

高校财务处收费会计岗负责学费收费和退费工作，按时通知各系催缴学生欠费；负责学生教材、耗材等收费工作；负责各类合规的会议、培训、考试报名等收费工作；严格按照有关部门审批的各项收费标准进行收费，办理新增收费项目的审批工作。

三、高校财务人员配备

（一）高校财务人员素质要求

1.道德素质

高校财务人员应具备的道德素质主要体现在两个方面。一方面，高校财务人员要有坚定的共产主义信念，能全面地认识问题、辩证地分析问题，全面贯彻执行党和国家的路线、方针、政策和法规，并不断提升自己的思想道德素质。另一方面，高校财务人员所面对的财务数据是非常庞大的，因此，要坚守职业道德，确保财务管理政策能够得到贯彻落实，提高自我约束能力，确保财务管理活动的正常开展。

2.职业素质

职业素质对高校财务人员至关重要。高校财务人员的职业素质包括记忆能力、思考能力、业务能力、总结归纳能力与学习能力。

（1）记忆能力。高校财务人员工作效率与工作质量受其记忆能力影响较大，财务人员必须牢记各项政策、方针、法律法规，以及各项业务要求。

（2）思考能力。高校财务人员需要对各项会计信息资料进行整理和记录，还要针对学校管理所面临的一些问题，对人、财、物情况进行分析。这要求高校财务人员具备一定的思考能力，以便更好地发挥财务职能。

（3）业务能力。高校财务人员要有建立财务制度、分析财务状况、应用计算机信息技术等的能力，还要有较高的外语水平。高校财务工作所服务的对象包括全校教职员工与学生。不少教职员工都需要到国外进行学术交流，这就要求高校财务人员必须熟悉外币兑换流程，具备较高的外语水平。与此同时，高校财务人员所办理的各类财务凭证也多种多样，能否正确识别这些凭证直接关系到财务状况分析的准确性。

（4）总结归纳能力。高校财务人员常常要撰写财务分析报告，开展相应的总结归纳工作，因此，在对财务管理工作进行概括时，要做到简洁、深刻、精准，具备良好的总结归纳能力。

（5）学习能力。高校财务人员要随着社会的发展，不断地掌握财务新技术和新理念，并且能将其应用于财务工作当中。

3. 协作素质

高校财务人员的协作素质由组织协调能力和沟通合作能力两大重要能力构成。高校财务工作是一项团队工作，财务人员既要熟练掌握财务有关业务，又要具备良好的沟通能力，能与校内教职员工、学生和其他管理部门以及外部银行、税务局等相关机构实现高效协作，保证财务工作的顺利开展。

4. 身心素质

高校财务人员的身心素质既包含身体素质也包含心理素质。高校财务工作任务重，对精确性的要求高，这就要求高校财务人员有较好的身心素质，在保持良好身心状态的前提下推动工作的顺利开展。

（二）高校财务人员配备结构

高校财务人员配备结构主要体现在科室岗位配置和财务人员本身年龄、性别、学历、职称、履职能力差异方面。

1. 高校财务服务性岗位劳动力较为充裕

当前，国内许多高校财务部门都以提供服务为主，同时完成核算工作。特别是窗口部门，直接为校内师生提供服务，如果没有足够的财务人员，就会影响教师业务和学生业务的处理效率，进而影响整个财务部门的绩效。因此，为了实现财务部门总体目标，在人员有限的情况下劳动力的配置重点更倾向于服务和窗口部门，增加财务服务性岗位劳动力。值得注意的是，高校财务部门的核心岗位也要保证足额配备人员，如果只有一两个人负责全校的预决算工作，他们就很难再有精力来评估和分析年度预算的执行情况。如果财务岗位出现一岗多人、有岗无人现象，将会制约高校财务管理总体水平的提升。

2. 财务人员本身差异

首先，综观全国各大高校的财务部门，高校财务人员学历存在显著差异，职称结构有待进一步优化，许多老财务人员多为中级职称，高级会计师及以上职称较少。老财务人员有一项优势，那就是有丰富的经验。但是记账方式已从过去的手工记账发展为现在的电子记账，面对国库和网银支付、理财筹资、信息化以及其他种种新鲜事物的不断涌现，老财务人员在受年龄层次等因素影响的情况下，学习能力相对不如年轻财务人员，对新事物适应能力较弱。年轻财务人员在年龄、学历等方面更合乎高校实际需要，不过他们在实践中对新旧制度、政策的掌握略有欠缺，不如老财务人员经验丰富。

其次，多数高校财务部门人员配备结构表现出女多男少、性别比例不均衡的特点。一般而言，性别比例均衡的团队客户满意度和员工保留率等关键绩效指标都较高，性别比例均衡意味着男女比例在40%到60%之间，这就要求高校在此方面引起重视。

最后，高校财务人员的专业技术岗位基本选用与职称相对应的专业技术人员。因此，高校财务人员应按管理岗位配备，使岗位和职称相适应。

第二节　高校财务机构设置优化

一、高校相关关系平衡

高校财务机构设置是高校财务管理活动开展的基础，也是提高高校财务管理效益与效率的主要载体。高校财务机构应按照权责要求进行优化配置，将财务决策权、财务执行权与财务监督权进行分离，以利于达到管理目标。在当前高等教育改革与发展的形势下，我国高校正面临着新的机遇和挑战，构建中国特色的社会主义高等学校财务管理机构，一定要坚持党的全面领导，建立学校党委、校长与监督机构各自掌握财务决策权、财务执行权与财务监督权的相互联系又相互制约的组织结构体系，推进财务决策科学化、执行专业化、监督多元化。要建立起这样的财务机构，首先要平衡好以下几个方面的关系（见图3-3），增强高校财务机构的系统性、整体性与协同性，这样才能够真正将财务组织结构优势内化为更高层次的管理效能。

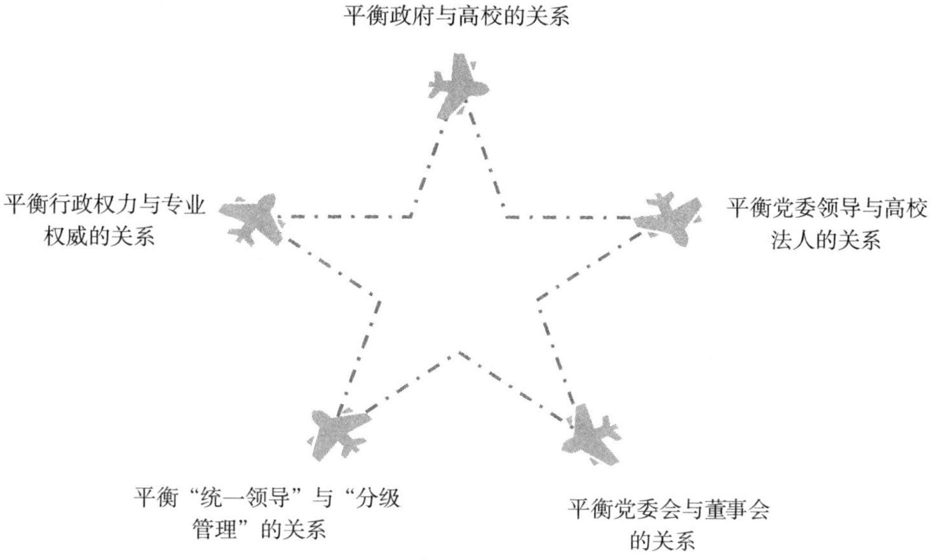

图 3-3　高校相关关系的平衡

（一）平衡政府与高校的关系

2018 年 12 月，第十三届全国人民代表大会常务委员会第七次会议通过修订后的《中华人民共和国高等教育法》。该法规定：“高等学校自批准设立之日起取得法人资格。高等学校的校长为高等学校的法定代表人。高等学校在民事活动中依法享有民事权利，承担民事责任。”高校应根据《中华人民共和国高等教育法》优化财务机构的设置，改善管理结构，平衡好与政府之间的关系。

首先，我国所有公办高校都是国家创办的，政府是公办高校的出资者、设立者，因此，政府与高校是委托代理关系，高校财务机构的设置和优化要充分把握这一关系。政府主管部门作为高校产权代表，主要通过向高校选派主要领导来行使出资者、设立者的权力。可以说，高校主要领导人就是代表政府参与高校管理，行使决策权，保证党的路线、方针和政策在高校的贯彻落实，坚持社会主义办学方向，贯彻执行国家教育方针，培育全面发展的社会主义建设者与接班人的主要责任人。在现代社会中，高等学校的地位越来越重要，作用越来越大。政府采取选派主要领导人等方式，行使对高校的管理权，一方面可以使政府主管部门的方针政策得以贯彻执行，另一方面又可避免政府主管部门对高校进行直接的行政干预，有助于保证办学的自主性与独立性。

其次，尽管政府与公办高校之间存在委托代理关系，但高校作为一个独立法人单位，其本身依法拥有管理权力，所以明确政府与高校之间的权力界限势在必行。政府应确立高校校长法定代表人地位，依法赋予高校充分的自主权，有效维护高校财务管理的有关权益。同时，要加快制定并实施高等学校内部治理规则，规范高校财务管理行为，强化高校财务监督检查工作。另外，应通过加大教育经费的投入、促进高校管理体制机制改革，推动教育财务领域的“放管服”，进一步放权给高校，为高校松绑减负，使高校拥有更大的办学自主权，充分激发高校的办学积极性、主动性与创造性，继而促进高等教育事业的发展。

（二）平衡党委领导与高校法人的关系

《中华人民共和国高等教育法》规定“高等学校自批准设立之日起取得法人资格。高等学校的校长为高等学校的法定代表人。高等学校在民事活动中依法享有民事权利，承担民事责任……国家举办的高等学校实行中国共产党高等学校基层委员会领导下的校长负责制。中国共产党高等学校基层委员会按照中国共产党章程和有关规定，统一领导学校工作，支持校长独立负责地行使职权”。由此可见，国家不仅通过法律确立了高校校长法定代表人的身份，还明确了党的领导地位，坚持和加强党对高校的全面领导，为完善高校管理提供了法律保障。高校党委会领导与校长法人共同形成的管理结构，反映到财务管理上，其实就是决策权和执行权的关系。因此，高校应设立由校长直接负责的财务执行机构，切实履行校长财务管理主体责任，构建党委领导下的校长全面负责的财务工作体制。

（三）平衡党委会与董事会的关系

引入董事会机制在我国高校办学管理模式中是一种全新的探索。2010 年国务院发布的《国家中长期教育改革和发展规划纲要》第一次将董事会提到国家教育政策层面。由于我国高校间办学性质存在差异，高校董事会因责、权、利的不同也有很大的区别。董事会作为一种新型高校管理组织，根据其运行方式及功能的差别可分为三种主要类型，即决策型、半决策型和咨询指导型。我国公办高校董事会基本属于咨询指导型董事会。

在财务机构设置中，党委会总揽高校重大财务事项，是负责全局性的投资、筹资、支出项目的决策机构。董事会为高校发展发挥咨询、协商、审议与监督职能，不属于决策机构。因此，我国公办高校党委会与董事会之间是一种决策者和咨询监督者的关系。优化高校财务机构的设置，改善高校管理结构，要建立以章程引领的制度体系，健全民主管理与监督机制，完善利益主体间协商合作机制。因此，高校应平衡党委会与董事会的关系，以达到良性运作的目的。具体而言，高校可参考企业的双向进入、交叉任职经验，确立党委书记兼董事会主席的董事会领导体制，这不仅可以确保党委对高校董事会的领导，还可以确保党委在重大决策中充分采纳董事会意见，既能反映高校决策的民主性，又能合理配置各方面资源，助力高校财务管理工作的顺利开展。

（四）平衡“统一领导”与“分级管理”的关系

高校财务机构设置体现了相关权益在各利益主体间的分配，也就是高校各利益相关者的财务责、权、利的协调与平衡。优化高校财务机构设置，其核心与关键就是要建立一系列权力配置与利益平衡机制。国家规定高校应实行“统一领导、分级管理”的财务管理体制，所以高校须平衡“统一领导”与“分级管理”的关系，实现宏观把控、微观灵活，激发高校二级单位财务人员的工作热情。因此，高校应强化对经济事项的统一领导与分级管理制度。

一方面，高校要建立财务处，财务处应为高校唯一的一级财务机构，在校长、分管副校长领导下，统一管理学校财务工作。高校要统一执行党和国家的各项方针政策，遵守国家、高校制定的财务管理、会计核算制度等重要规章制度，严格按照国家有关法律法规办事，严格遵守财经纪律。高校还要加强行政部门对二级单位的宏观调控、引导、监督与协调功能，对高校财务事项的优化进行决策，同时加强部门间协作配合，建立完善的财务管理体系，提高资金使用效率。

另一方面，高校要明确校、院两级的管理权限，理顺校、院财务关系；根据合理分权、充分授权的原则，重新划分校、院两级管理权限，实施纵向权力结构调整，下移管理重心，下放管理职权，实现二级单位责、权、利管理的统一，明确二级单位财务管理的主体地位，通过合理分配财权和事权，激发基层单位的工作热情，最大限度地保障高校整体利益。

（五）平衡行政权力与专业权威的关系

优化高校财务机构的设置，需要高校平衡好行政权力与专业权威的关系，进行科学决策，实现财务有效监督，建立健全科学的、协同的、专业化分工的高校财务机构运作体系。

一方面，高校应进一步完善教职员工和学生共同参与的财务管理与监督机制，充分发挥教职员工代表大会及群众组织的功能，鼓励教授、专家对重要财务决策问题给予咨询支持和具体建议，从而使财务决策体现各方利益诉求，发挥高校学术委员会的咨询、参谋作用，建立健全协调合作机制，平衡高校行政权力与专业权威的关系。

另一方面，高校要发挥专业财务团队的权威性、专业性作用，增设各类专业委员会，如财经委员会、预算管理委员会、资产管理委员会、风险控制委员会等，对于高校重要财务事项的决策进行充分论证，提供高效、可靠的评估与建议，辅助高校财务部门进行科学合理的决策。其中，财经委员会负责对高校的经济政策、资源配置以及其他重大财经事项进行论证、研究；预算管理委员会负责参与预算编制并实施高校预算和发展战略规划，负责拟订预算管理相关政策、审核高校预算方案、发布正式预算方案、追踪预算执行情况及其他事项；资产管理委员会负责协调高校的资产管理，对高校基础设施建设及大中型维修项目进行论证；风险控制委员会负责构建和完善内控制度，对财务风险进行精准的识别和管理。各专业委员会是高校财务管理工作的辅助性组织，通过对上述组织机构的合理设置，高校可以构建一个较为完整的财务机构体系。

二、构建现代化高校财务机构管理体系

加快建设世界一流大学、一流学科，实现高等教育内涵式发展，是各个高校在发展方面的共识。高校财务工作要加快由财务管理到财务治理的转型，健全财务治理体系，提升财务治理能力，为自身建设提供优质保障和服务。因此，构建现代化的高校财务机构管理体系，是我国高校财务机构优化设置

的必然选择。各高校应坚持党对各项工作的全面领导，高校党委会、校长办公会、监督机构要分别拥有财务决策权、财务执行权与财务监督权，形成相互联系、相互制约的财务组织机构体系（见图 3-4），推动财务管理决策科学化、实施专业化、监督多元化，发挥各方力量，合力实现财务机构管理能力现代化。

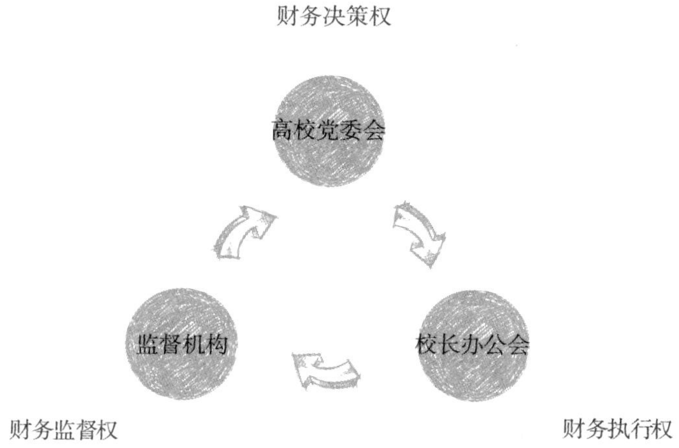

图 3-4　现代化高校财务机构管理体系

（一）优化高校财务管理决策机构

坚持党委领导的核心地位是高校财务管理决策机构优化的根本。高校党委全面领导高校各项工作，起到了把握方向、管控全局、做好决策、保障落实的作用，构建现代化高校财务机构管理体系首先要建立起党委领导的高校财务管理决策机构。

1. 加强党对财务工作的全面领导

优化高校财务管理决策机构要加强党对财务工作的全面领导。高等学校实行党委领导下的校长负责制，高校党委应认真承担起高校财务工作领导责任，全面贯彻落实党和国家的财经方针政策、决策部署，严格按照国家财经法律法规办事，将财经纪律落到实处。主动配合上级主管部门完成总会计师的委派工作，选好、用好学校的财务负责人，使其协助总会计师（财务分管领导）工作。

2. 明确主体责任，加强组织领导

优化高校财务管理决策机构要明确主体责任，加强组织领导。党政主要领导干部在财务管理中应增强主体责任意识，遵守财经纪律，严格执行党和国家的各项财经法规；在日常工作中坚持重要财务工作亲自部署、重大财务问题亲自过问、关键环节亲自协调，认真抓班子、带队伍、管自身；按照“一岗双责”要求，根据分工做好职权范围内的财经管理工作。

3.制定财务决策和议事规则

优化高校财务管理决策机构要制定财务决策和议事规则。凡是高校的重要经济决策、重大投（融）资项目、大额资金的使用及其他重要财经事项，都要经过党委的集体讨论确定。在党委常委会审议财经重大决策前，高校要组织有关专门委员会进行科学论证，经过财经领导小组研究之后再呈请校党委进行集体讨论。高校还要建立专家咨询制度和决策责任追究制度，党委应发挥董事会对高校财务决策的引导、咨询与监督作用，利用各方专业优势，体现各方利益诉求。

（二）优化高校财务管理执行机构

高校要从事业发展的基础和支撑等方面对财务工作进行定位，充分认识到强化财务工作的必要性与重要性，根据“统一领导、分级管理”财务管理体制，实行校长对高校财务管理负总责的制度，强化财务机构建设与管理，根据校内管理层次，建立起校长、分管财务副校长（总会计师）、财务处长、二级单位负责人、基层财务人员的纵向多层级财务管理执行机构。

1.校长全面负责财务管理工作

优化高校财务管理执行机构需要校长全面负责财务管理工作。校长是高校的法定代表人，在党委领导下对高校的财务管理负总责。校长的财务管理职责包括组织重大决策事项的执行、重大项目的安排、大额资金运用、预算安排、重要财经管理制度的发布和财务信息的披露，加强国有资产管理，防止国有资产流失；建立健全规章制度，规范会计行为，提高会计信息质量，促进会计工作规范化、科学化、制度化，加强财务管理和内部审计监督；推进财会机构与财务队伍的建设，对党委重大财经决策的贯彻执行情况进行汇报，向教职员工代表大会做财务工作报告。

2.分管财务工作校领导承担协助责任

优化高校财务管理执行机构需要分管财务工作校领导承担协助责任。高校负责财务工作的分管领导应由熟悉高校财务业务的副校长担任，对外代表校长处理高校与财政、税务、审计、银行等外部机构的关系，对内负责日常财经事务管理工作，分管财务、资产、产业、招标等部门，确保高校财经工作健康有序开展，并直接对校长负责。

3.建立专门的财务管理组织

优化高校财务管理执行机构需要建立专门的财务管理组织。高校财务管理执行机构要坚持科学设置、功能优化和权责协同的原则，促进机构、功能、权限、程序和职责的制度化。高校财务处为高校唯一的一级财务执行机构，是承担高校财务管理工作的综合性机构，应由校长主持工作，参与讨论高校财经决策，并拟定相关条例，对高校的各项经济活动进行管理、核算、监督。

4.构建多层次学校经济责任体系

优化高校财务管理执行机构需要构建多层次学校经济责任体系。高校在校内管理体制上必须按层次进行管理，构建各个部门、各个单位主要领导人的经济责任制，把财经工作任务与职责逐层分解，落实到高校内部各个部门、各个单位，以至个人。建立起校长、分管财务副校长（总会计师）、财务处长、二级单位负责人、基层财务人员的纵向多层次学校经济责任体系，一级管好一级，一级带动一级。高校还要根据实际情况制定不同层次、不同岗位的经济责任标准，对管理不善、控制不严或其他原因导致经济损失的当事人依法追究责任。

（三）优化高校财务管理监督机构

财务机构要正常运转少不了有效、有力的财务监督，建立多元化财务监督机构对保障高校多元化主体利益具有重要意义。因此，高校要优化财务管理监督机构，切实发挥会计的监督职能，预防和制止违反财经法规的行为，维护国家、集体的财产安全。

1.发挥教职员工代表大会的监督作用

优化高校财务管理监督机构需要发挥教职员工代表大会的监督作用。教职员工代表大会在高校委托代理链条中居于中心位置，代表着高校不同利益主体，如教师、学生、其他职工等。就高校财务管理而言，唯有充分调动广大教职员工和学生参与高校财务监督的积极性，发挥教职员工代表大会的监督作用，才能使高校财务工作充满活力，使财务监督工作更有成效。

2.强化内部审计部门的监督作用

优化高校财务管理监督机构需要强化内部审计部门的监督作用。高校应建立独立的内部审计部门，配备专职审计人员，切实强化内部审计专业化建设，充分发挥内部审计部门的监督作用。高校要把校内一切经济活动都纳入审计范围，着力强化经济责任审计、财务预决算审计、工程建设项目审计等，探索内控制度审计、绩效评价审计等。

3. 加强单位内部控制和财务监督

优化高校财务管理监督机构需要加强单位内部控制和财务监督。高校要进一步健全内部控制制度，按分事行权、分岗设权、分级授权的要求，科学合理地设定机构与岗位权责，并且根据权责一致、有效制衡原则，定期进行风险评估，查漏补缺，保证财务监督制度的有效实施。同时，发挥委派会计人员在会计监督中的作用，确保委派会计人员正确履职。

4. 加强综合监管一体化建设

优化高校财务管理监督机构需要加强综合监管一体化建设。高校应厘清财务、审计、纪检监察与有关业务部门的职责分工，明确经费投入的前期论证、执行过程的审核监督、事后的绩效评价等环节的责任界限，形成决策权、执行权、监督权之间既相互制约又相互协调的运行机制。

第三节　高校财务岗位优化

一、高校财务岗位优化原则

高校财务岗位优化要遵循三项原则，如图 3–5 所示。

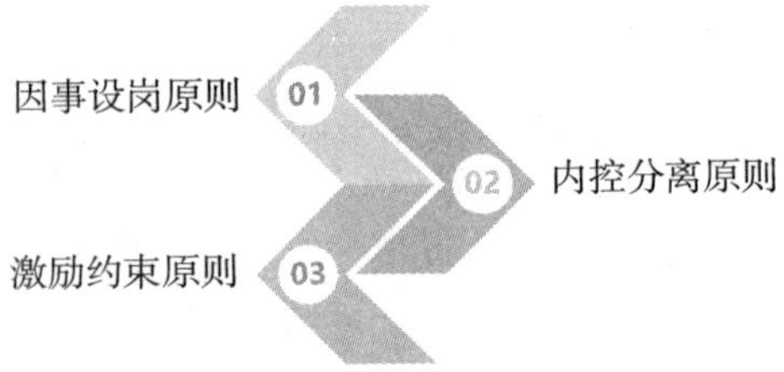

图 3–5　高校财务岗位优化原则

（一）因事设岗原则

因事设岗原则是优化高校财务岗位的基本原则。高校财务管理的本质决定了其必然以人为核心。从传统管理理论的视域来看，因事设岗、因岗设人是组织架构设计的基本逻辑。从高校发展战略需求出发，对高校财务岗位进行调整和优化必须遵循因事设岗原则。如果虚设职位就会浪费资源，还会影响高校整体管理水平。因此，为使财务工作能够高效有序地开展，必须科学合理地设置各类财务岗位。如何正确把握高校财务工作的复杂性是优化高校财务岗位的关键。从高校实际出发，参考现代企业制度的理念，合理划分各级财务职能并明确各自岗位职责，是构建和谐校园、促进教育事业健康发展的必然要求。高校应依据自身的经费收支规模、二级单位的数目、财务部门的职责以及目前财务管理工作的新要求等具体状况，科学合理地设置财务人员岗位，原则上按照教职员工人数的 1.5% ～ 3% 配置相应的财务人员，按照事业发展的需要，构建动态调整机制，保证财务工作的正常进行。

（二）内控分离原则

内部控制为组织良性运行提供了一种行之有效的管理方式。与外部监督相比，内部控制实施全过程、全时段管理，是组织治理能力和治理体系的体现。高校财务岗位优化需要充分考虑财务部门内部各个岗位的业务风险点，遵循内控分离的原则，即将不相容岗位的职务分开。

这种不相容岗位的内控分离基于两大假设：一是两个或两个以上个人或部门不自觉地犯下相同错误的可能性比个人或一个部门犯下这种错误的可能性小，二是两个或两个以上个人或部门有意识地合伙舞弊的可能性远远小于个人或一个部门舞弊的可能性。由于不存在共同故意，很难出现合谋导致的舞弊的发生。不相容岗位分离可以降低舞弊和差错风险，这对于高校内部控制来说非常必要。例如，财务岗位中的会计与出纳就是不相容岗位，若工作人员既管理钱款也管理复核，则极易出现作假现象，岗位分离可以降低舞弊风险和差错风险，保证财务工作质量，维护高校财产安全。另外，随着信息技术的发展，会计信息系统已经成为高校日常管理活动必不可少的一部分，在高校信息化和数据分析业务中发挥着重要作用，高校要通过科学的岗位设置，保证数据的完整性、安全性和保密性。因此，不能把信息化的业务权限仅授予一个岗位人员，必须将岗位分开设置。在财务岗位优化过程中，高校需要明确各岗位之间的职责分工，避免各财务岗位职能重叠而导致的矛盾冲突。高校应综合梳理财务工作的内容，掌握业务流程中所涉及的不相容岗位，通过合理安排岗位，将风险控制在可以承受的范围之内，形成各司其职、各负其责、相互约束的岗位结构。

（三）激励约束原则

高校财务岗位的优化需要坚持激励约束原则。从内部管理角度来看，高校需要根据不同的岗位性质对各财务岗位进行合理划分，以使各个岗位层级都能够充分发挥其功能。高校在优化财务组织内部人员编制时应注重层次性和衔接性，形成一个从低层次向高层次过渡的通道，以此激励高校财务人员。相反，若某个职位在编制层次中被孤立，该职位便会失去激励的效果，极易产生相应岗位风险和业务风险，造成该职位人员出现违反职业道德、法律的行为。因此，高校财务机构的各个岗位应职责分明，既能规范财务人员的工作，又能使其获得工作的成就感。

二、高校财务岗位优化路径

高校财务岗位优化可以从四个方面入手，如图 3-6 所示。

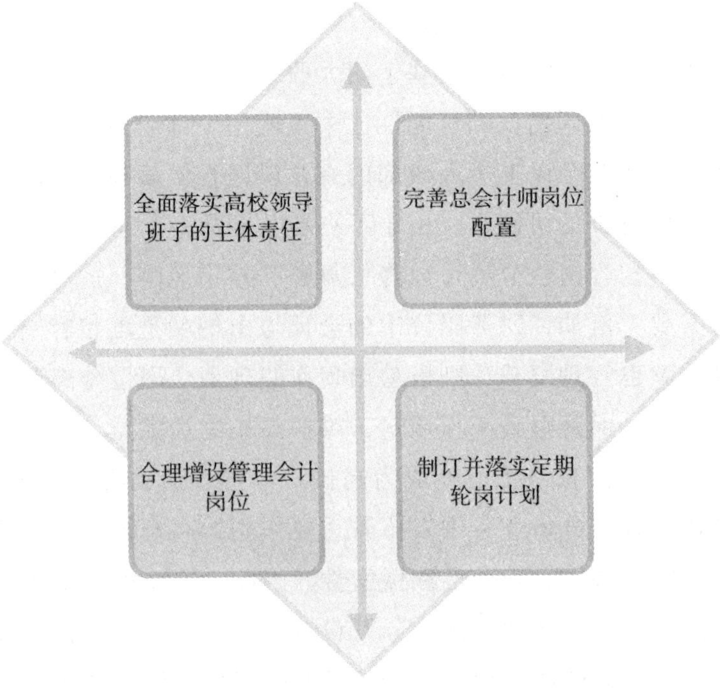

图 3-6　高校财务岗位优化路径

（一）全面落实高校领导班子的主体责任

在高等教育事业迅猛发展的今天，高校经费与资产总量增长迅速，经费渠道更加多元，经济活动越来越复杂，财务管理与监督的任务日益繁重。如何适应新时代对财务人员提出的更高要求，成为摆在每一名高校财务人员面前的课题。目前，优化高校财务岗位，是高校财务队伍进一步壮大的必要途径，也是落实中央相关要求的必要手段。所以，高校领导班子应充分认识到优化高校财务岗位的必要性与紧迫性，充分落实主体责任。

高校领导班子应主动担负起财务岗位优化这一主体责任，把财务岗位优化作为一项重点工程来抓。在高校财务管理中，财务岗位处于基础地位，高校领导班子应在明确财务职责的前提下，充分发挥财务岗位的职能作用，切实发挥好总会计师、会计主管、财会人员、预算编制人员等岗位负责人的职能作用，健全领导班子的决策制度与议事规则。凡是高校财务岗位优化这种关系到高校改革发展和稳定的大事，在决策前都要进行前期论证，经过领导班子的集体研究，审慎决策。

（二）完善总会计师岗位配置

为优化高校财务岗位，高校应依据《高等学校财务制度》和《高等学校总会计师管理办法》设置总会计师岗位。高校总会计师应协助校长做好高校财经管理工作，直接向校长负责。高校总会计师主要工作职责如下：组织领导高校财务管理与核算工作，参与校内重大经济问题分析与决策，贯彻执行国家的有关财经法律和规定，预防财务风险，维护高校财产安全，提高资金的使用效益。凡设总会计师的高等学校，都不再设置负责财务工作的副校长岗位，避免职权相互交叉。高校完善总会计师岗位配置具体可从如下四个方面着手。

1. 完善高校总会计师选拔机制

（1）采用校内选拔和外部选调相结合的人才选拔方式。在人才选拔方式上，根据《高等学校总会计师管理办法》的规定，高校总会计师应由高校主管部门委派人选，大致有两种方式，即校内选拔和外部选调。校内选拔方式就是从高校内挑选合格的人员作为该校总会计师，外部选调方式即从本校外部选调合格的人员担任该校总会计师。

相对而言，校内选拔方式具有较强的灵活性，可以通过调整职位等手段进行灵活选择，且校内选拔出的人员更加熟悉校内情况，对工作上手快；外部选调则具有选才范围广、能够更好地发挥监督职能等优点。另外，无论是校内选拔还是外部选调，都需要一定时间才能完成，各有其优势。高校总会计师选拔应采取校内选拔和外部选调相结合的办法，根据高校不同发展阶段和发展情况灵活选取合适的选拔方式。

首先，对拟设立总会计师岗位的高校的财务工作和财经人才现状进行分析与评估。若高校现有财务审计或者会计信息质量检查效果良好，有关业务主管部门对于财务工作给予了高度评价，且该校财经管理人才储备较多，为了让新任总会计师能快速进入工作状态，累积工作经验，该校的总会计师的选聘就可采用校内选拔方式；若高校前期财务工作质量较差且人才储备不足，则需采取外部选调方式，引入更加优质的人才，以提升高校的财务管理水平。

其次，对于前期并未设立总会计师岗位的高校，选拔新任总会计师可采取外部选调方式，即由主管领导直接指定一位有实践经验、学术水平较高的人才作为高校新任总会计师。为了让总会计师能够更快地熟悉高校相关工作，建议从各方面情况如高校的层次、规模、类型及主要学科专业等与本高校较接近的原单位选调。

最后，对任期届满的总会计师可以采用外部选调方式，委派其到其他高校担任总会计师。同一所高校工作满两届的总会计师不能继续在原高校任职，可转岗到异校任职。

（2）完善高校总会计师任职资格标准。在当前市场经济环境下，随着高等教育体制改革的不断深化，高校办学规模不断扩大，经费投入逐渐增加，高校内部管理日趋复杂。所以，高校要高度重视总会计师选聘工作，从根源上把控总会计师人才质量，为高校的平稳发展保驾护航。

高校要建立科学、合理的任职资格标准并将其落实到制度上。在任职资格标准上，按照我国教育行业的发展规划，高校总会计师应具备专业院校的培训认证，具备一定专业知识水平，能熟练使用财务分析工具处理有关事宜。唯有业务能力强、专业技术过硬才能胜任高校总会计师这一要职。

国家财政部门和人事部门要共同建立总会计师评价认证机制，建设人才信息库，将符合高校总会计师任职资格标准的人才囊括其中，为高校总会计师选拔做好准备。各高校可依据人才信息库资料，参考健全的总会计师任职制度的规定，将有关人才进行分类，从中筛选出最能满足当下发展需求的人才，然后可通过外部选调的方式，引进有实践经验的高级人才担任总会计师。同时，高校也要注重从内部选拔高素质的管理干部充实到总会计师岗位后备队伍中去。这样既可以选拔出符合条件的现任总会计师，又可以增加总会计师人才储备，为总会计师岗位配备更多人才。

2. 借鉴职业经理人模式

总会计师具有极强的专业特征，为促进其更好地利用专业优势尽职尽责地工作，帮助校长做出管理决策，高校可以借鉴较为成熟的职业经理人模式。

所谓职业经理人，就是在法人财产权、所有权、经营权分离的企业中担任使法人财产保值增值的工作的专业人才。职业经理人全面负责企业的经营管理，对于法人财产具有管理权和经营权。

从企业内部来讲，职业经理人最基础的职责就是稳定企业的内部管理，对各部门人员的工作进行有效的梳理与监管，保证企业各部门的正常运作；从企业外部来讲，职业经理人有责任与义务利用自身的资源为企业开拓市场、创造价值。最重要的是，职业经理人对企业负责，对企业的最高领导负责。这与高校总会计师在高校财务工作中的地位与职责十分接近。在市场化程度较高的情况下，为了适应市场竞争，发挥市场在资源配置中的功能，企业按照市场化的机制进行人力资源的配置。在这个过程中，职业化和专业化成为现代企业管理的基本趋势。职业经理人模式这种市场化的选人用人模式，可以作为我国高校总会计师选拔模式的参考。

3. 健全总会计师激励机制

高校总会计师岗位工作难度大、专业性强且人才稀缺，健全激励机制具有一定的必要性。健全总会计师激励机制能够鼓舞专业人员努力工作，为高校助力。

高校应结合自身实际情况制定一套科学有效的激励机制。一方面，高校要从自身特点和总会计师岗位性质出发，设置相应绩效考核机制。在绩效考核中可以采取量化方式对总会计师工作实行考核和奖罚。绩效考核应以过程性考核为主，把考核的结果和总会计师年度薪酬联系起来，以此作为激励。另一方面，高校可建立声誉激励机制，通过颁发荣誉证书等方式在精神层面对总会计师进行行为激励。良好的任职声誉可使高校总会计师获得社会赞誉和相应的地位，以及成就感和心理满足，从而强化责任感和使命感。

4. 健全总会计师监管制度

高校总会计师的责任重大，是高校财务工作的龙头。由于高校总会计师是一个特殊岗位，职责权限较大，所以高校必须建立健全总会计师监督机制，增强总会计师自我约束能力。

一方面，高校要通过健全总会计师监督管理制度来保证财务信息真实、完整，防止舞弊行为发生，为高校财务工作的顺利开展提供强有力的保障。另一方面，高校应当强化内部审计监督工作，适当参考企业外部审计制度，委托独立的会计师事务所开展高校财务的审计工作，并在一定范围内公布审计结果，以方便查找问题，及时整改。

总之，高校的财务工作日趋复杂，需要专业人才来完善管理。为了更好地促进高校发展，把握好高校工作改革发展的大好时机，高校应该优化总会计师岗位配置，使高校财务岗位整体结构达到最优，如此方能使高校各项工作顺利开展，促使高校规模不断扩大。尤其是没有设置总会计师岗位的高校，更要主动加强同其他已设置总会计师岗位高校的研究和交流，借鉴这些高校在总会计师岗位配置方面的经验，为本校未来配备总会计师创设良好的环境。

（三）合理增设管理会计岗位

在管理会计应用已成为必然趋势的情况下，高校应按照《财政部关于全面推进管理会计体系建设的指导意见》的要求，合理增设管理会计岗位，选拔具备管理会计理念、知识的财务人员任职该岗位，发挥管理会计对促进高校内部管理的作用，并从不同角度出发制定符合自身情况的配置标准，以满足高校的发展需要。

1. 高校管理会计岗位增设要求

高校管理会计岗位的增设应满足以下三点要求。

（1）高校管理会计岗位增设要满足信息化要求。从高校内部角度来说，财务是一切经济业务的结果，财务中所包含的数字价值应该引起高校的充分注意。财务背后隐含着高校经济活动的内在规律，当高校无法直观地发现这些内在规律时，大数据技术可以为高校数据挖掘提供全新的支持。随着高校的发展变化，传统的手工会计处理模式已经无法适应当前的要求，而财务管理作为一项复杂的系统工程需要大量信息支持，因此，高校管理会计岗位的增设必须满足信息化要求，提高数据的处理效率，优化岗位工作质量。从高校外部角度来说，国家税务总局已全面推行电子票据，实现票据的电子化，纸质票据终将退出历史舞台。在这种情况下，信息化是高校管理会计岗位存在的必然要求，高校财务数据以电子形式保存起来，不仅可以实现与外部单位的数据交流，而且可以在大数据前端进行数据维护。

（2）高校管理会计岗位增设要满足智能化要求。当全部信息都实现自动化、智能化的传输，高校只要调节并规范好传输过程，就可以在系统后台进行智能判断，这有利于规避不同财务人员对同一财务活动评判标准不一致的情况。例如，一些高校已经实现了网上自助报销功能，智能审批报销票据的合规性。同时，智能化要求高校管理会计岗位深度运用人工智能技术。智能管理会计涉及对信息系统的自动化、智能化、在线化、实时化管理，对自然语言进行感知和认识的功能，应用多维数据库，采用分布式计算。管理会计系统能够实现数据时效性和计算速度的革命性提升，有助于高校迅速完成业务流程。管理会计系统将从大量信息中提取出有用信息，为高校提供个性化服务，并在了解高校业务情况的基础上进行科学预测、合理控制和智能分析。

（3）高校管理会计岗位增设要满足服务性要求。高校管理会计主要是对高校内部的经济活动进行预测、决策、控制、分析、评价，为高校领导者提供相关信息。由此可知，高校管理会计是为高校管理会计信息使用者服务的，这意味着高校财务部门不再只是一个“账房先生”，而是肩负数据收集和整理的重任，凭借从数据中获取的信息，结合信息化、智能化技术为高校创造更具战略性的价值。因此，高校管理会计岗位的设置必须满足服务性要求，围绕服务对象需求规定岗位职责，设置岗位工作内容。

2. 高校管理会计岗位职责

高校管理会计岗位职责要在满足信息化、智能化、服务性要求的基础上进行详细的规定。具体而言，高校管理会计岗位要负责监督执行预算计划，合理有效地使用资金；利用财务会计资料进行经济活动分析；负责高校财务机构的设置、财务人员的配备、会计专业职务的设置；进行支出预测、控制、核算、分析和考核，全面提高高校教职员工的成本意识，督促相关部门减少消耗、节约支出、提高经济效益；纠正财务工作中的差错，规范高校的经济行为，针对高校财务工作中出现的问题提出改进建议和措施。

（四）制订并落实定期轮岗计划

1.轮岗的目的

轮岗是同一个工作部门有计划地按一定的期限，让部门内部员工轮换承担多种不同岗位工作的做法，从而考察员工对不同岗位的适应性，发展员工多方面的能力，同时让员工掌握一个部门中不同的工作内容，以便更好地相互配合。

首先，对高校财务机构而言，轮岗能够调动不同财务人员的潜能，因为轮岗可以让财务人员的不同能力全方位地展现出来，让其在合适的位置上发挥出更大的价值。例如，性格内敛的人可能并不擅长处理与银行、税务局对接等对外的财务工作，但在财务核算方面会更为仔细；善于进行数据分析的人尽管能将其他财务工作处理得不错，但是通过轮岗能够发挥出其更大的优势。因此，轮岗对高校来说是有好处的，它能够发挥出每个财务人员的最大价值，帮助高校构建一个强有力的财务团队。

其次，通过轮岗，高校财务人员可以尽可能地熟悉每个岗位的工作内容，在进行工作对接时能够更有针对性，有利于提高高校财务工作的运行效率。同时，当出现岗位空缺时，由于提前储备了熟悉岗位工作内容的人才，能够尽快有人接手相关工作，不至于出现“岗位离不了人”的情况。

最后，从高校内部控制角度看，一个人长期在一个岗位上容易出现懈怠或有问题而不自知的现象，轮岗容易使潜藏的问题暴露出来，更好地提升高校财务机构的工作质量。

2.轮岗计划的制订

制订轮岗计划要做好以下准备工作。

第一，要做好制度准备。例如，高校要制定财务部门的轮岗制度，并向职工宣讲，让他们充分理解并有效地利用轮岗机会。

第二，确定岗位和人选。高校要确定轮岗的相关事宜，如岗位、人员、时间等，坚持不相容岗位相互分离原则。

第三，明确轮岗要求。坚持授权与执行岗位分开，坚持审核与复核岗位分开，坚持复核与稽核岗位分开，坚持保管与核对岗位分开，坚持支付与审核岗位分开；出纳不得兼管稽核、会计档案保管和收入、费用、债权、债务账目的登记工作。

第四，确定轮岗方式。根据工作需要采取定期或不定期的方式进行岗位轮换，原则上轮换时间在学期末；财务人员每个聘期为三年，因工作需要可适当延长或缩短，同一岗位最长不超过两个聘期，在聘期内因工作需要亦可随时进行岗位调整。

第五，其他要求。财务人员在轮岗时应从财务工作大局出发，自觉服从轮换安排，不得以任何理由拒绝轮岗或因工作需要安排的临时岗位调整。岗位轮换应提前一周通知相关人员，岗位轮换时原岗位工作应及时处理完毕，不能及时处理的应列明清单，严格按高校财务工作交接管理办法办理移交手续。

3. 轮岗计划的落实

财务管理人员在办理移交手续前要做好以下八项工作。

（1）已经受理的经济业务尚未填制会计凭证的应当填制完毕。

（2）编制移交清册，列明应当移交的会计凭证、会计账簿、会计报表、印鉴、现金、有价证券、支票簿、文件、其他会计资料和物品等内容。

（3）移交会计电算化工作的，有关电子数据应在实际操作状态下进行交接，同时系统管理员在会计交接之日更换岗位操作员。

（4）财务管理人员办理交接手续，必须有监交人员负责监交。一般财务人员交接由财务主管负责监交，财务主管交接由财务处长负责监交，财务处长交接由分管领导负责监交。

（5）移交人员在办理移交手续时，要按移交清册逐项移交，接替人员要逐项核对点收。

（6）对需要移交的遗留问题，应当撰写书面材料；离岗者对继任者面临的问题可提出解决建议，并可协助解决。

（7）及时对轮换岗位的人员进行相关的培训，使轮岗人员迅速了解工作内容及业务知识，保证工作顺利进行。

（8）人事处会同财务处对轮岗工作进行检查监督，对轮岗效果进行调查评估，以进一步完善轮岗制度。

第四节　高校财务人员素质优化

一、发挥高校主导作用

高校是人才培养的重要基地，可以说，高校自身就是财务人员素质优化的最佳资源提供者。高校可以通过加强领导重视、完善培养方案、激发财务人员主动性的方式来发挥自身在财务人员素质优化中的主导作用，如图 3–7 所示。

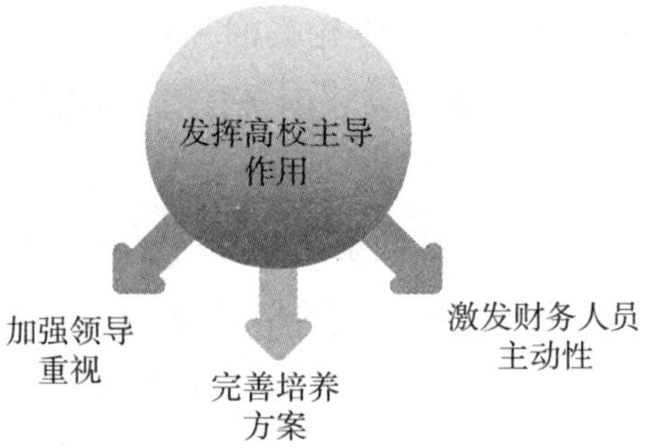

图 3–7　发挥高校主导作用

（一）加强领导重视

高校领导层要加强对财务人员素质优化的重视程度，发挥引导和协调作用。一方面，高校领导层要推进制度建设，将财务人员素质优化落实在制度上，责成财务部门牵头协调人事部门工作，健全财务人员的考核、激励体系，把高校财务队伍建设列入高校的年度发展计划，并分配相应资源给予支持。另一方面，高校领导层还要将财务人员培训作为一项常态工作常抓不懈，责成财务部门会同有关科室，联合拟订财务人员继续教育计划，详细制订年度培训方案，引导高校财务机构形成良好的学习氛围。

（二）完善培养方案

高校要结合全体财务人员的知识背景、业务素质、技能水平，从实际出发，在全面掌握财务人员工作状况的基础上，结合本校发展规划和自身特点，有针对性地开展财务人员继续教育工作，制订完善的培养方案并有计划地实施继续教育，及时将培养诉求反映给高校领导层，以便获得相应的资源。同时，高校财务机构要加强同其他职能部门的合作，例如，可以与承担教师培训工作的部门共同规划财务人员的继续教育方案，选择资质优越的培训机构进行培训，以充分调配师资力量。

（三）激发财务人员主动性

高校要面向全体财务人员进行国家制度和政策的宣讲，如解读《中华人民共和国会计法》《会计专业技术人员继续教育规定》等文件，不断更新全体财务人员对财务工作和继续教育的认识，让其了解接受继续教育、优化自身素质的必要性，鼓励其做好职业规划，激发其学习的主动性。

二、丰富财务人员继续教育内容

（一）扩充管理会计内容

管理会计在高校的应用具有重要意义，高校财务人员素质优化的重要方向就是增加财务人员的管理会计知识、培养财务人员的管理会计思维，实现高校财务人员从财务会计向管理会计转型。高校优化财务人员素质可以从丰富财务人员继续教育内容入手，扩充管理会计内容，具体包括以下两个方面。

一方面，要从课程设置上提高管理会计课程比例。课程学习是财务人员继续教育的重要方式，因此，高校要从学科体系上建构管理会计的理论框架，全面推广以管理会计课程为主导的财务人员继续教育课程体系。

另一方面，要完善管理会计相关学习用书，可结合高校的实际情况，对国内外优秀、成熟的管理会计类书籍加以甄别、筛选和翻译，将其纳入高校财务人员继续教育的推荐用书。

（二）丰富财务信息化教育内容

从20世纪70年代开始，信息技术被广泛运用于各行各业，促使财务与会计领域发生了变革与创新。网络给财务观念、工作流程等方面带来了深刻变革，传统的票据、现金交易、人工服务渐渐淡出财务领域。如今，无论企业还是高校都在使用信息技术，传统的手工处理模式已转变为半自动和自动化处理模式。这一模式的转变大幅度提高了组织的财务管理效率，降低了管理成本。会计人员不再是传统的“账房先生”，而是作为领导层的强有力的支持者，承担起对组织的决策导向职能，并从财务角度检验组织的战略是否可行。因此，为了适应基于信息技术的工作环境，会计信息化的相关知识成为财务人员知识结构中必不可少的一部分。高校优化财务人员素质必须丰富财务信息化教育的内容。

丰富财务信息化教育内容要从广度和深度两个方面入手。从广度上来说，新型信息技术层出不穷，大数据、云计算、区块链、人工智能等都逐渐融入财务信息系统。因此，财务信息化教育需要让高校财务人员了解各种新型财务信息系统的操作流程，使其能够通过各种现代化工具处理财务工作。从深度上来说，每种财务信息系统都处在不断更新换代的过程中，随着其功能板块的不断拓展，财务人员可以用其完成更加复杂的工作。因此，财务信息化教育需要让高校财务人员深度掌握财务信息系统的各项功能，以提高自身工作效率。

（三）增加其他方面内容

除了财会法规制度和政策、财务理论和实务等财务相关的内容外，高校在优化财务人员素质方面还可以增加一些其他方面的内容，如人文常识、礼仪规范、公文写作、新闻宣传、沟通技巧等。这些知识内容既有趣味性，又有可操作性，能够提升高校财务人员的精神风貌与综合素质，进而有效提升高校财务机构的人才质量。

三、制订多层次素质优化方案

高校财务人员素质优化要有针对性地实施教育与培训，根据职位、岗位、工作内容、知识背景、技能水平等标准把优化对象划分为不同层次，然后将管理会计理念等教育内容通过优化对象所在层级能理解或接受的方式，开展具有针对性的、有重点的分类教育工作，具体如图 3–8 所示。

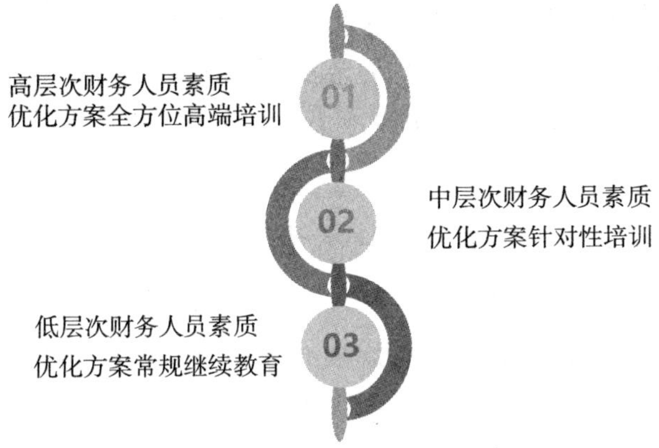

图 3-8　高校财务人员多层次素质优化方案

（一）高层次财务人员素质优化方案

总会计师等高层次财务人员素质优化应该全方位地进行高端培训，具体可以借鉴全国会计领域人才培训的经验。

2005 年 12 月，全国会计领军（后备）人才培养项目启动。会计领军人才是从会计行业内顶端人才中挑选并培养出来的，强调专业素质与道德素质并重，兼具国际视野，能够胜任会计岗位并具有一定的学术水平，掌握前沿的会计理论与方法，具有较强的实践能力。我国通过建立“政府主导、企业主体、社会参与”的模式来推进会计领军人才建设工作，使其成为推动经济发展、维护市场经济秩序、提高国家竞争力的重要力量。会计领军人才培养项目周期为六年，其间将淘汰不符合好培养标准的部分人员，这也是提高会计领军人才项目门槛的手段，同时确保了会计领军人才的总体素质。

高校高层次财务人员素质优化可借鉴会计领军人才素质优化方案，开展管理会计领军人才培养工作，甚至可以采取多校联合培养的模式，开展教学组织、课程开发、教师配备、教务管理等工作。等接受培训人员结业时，可由高校颁发相应证书，如实记录学员的学习课程及成绩，以培养出适合高校实际情况的高层次财务管理人才。

（二）中层次财务人员素质优化方案

预算会计、管理会计等重要岗位的财务人员的专业素质相对较高，对于各项内容的接受能力也较高，因而高校财务部门可针对其岗位职责并结合管理会计、信息化教育等内容，开展有针对性的培训活动，开设专门的培训班，对成绩优秀的财务人员给予荣誉称号和物质奖励。另外，还要鼓励这类财务人员积极参与外出培训和专项课题研究，并由高校为其提供部分或者全部资助。

（三）低层次财务人员素质优化方案

出纳、收费会计等基础岗位的财务人员一般经验较少、工作内容相对简单，高校财务部门可根据继续教育规划开展常规性继续教育，每年至少安排一至两次集中学习，着重加强对该层次财务人员职业道德建设，督促其进行学习交流、参与培训，定期以闭卷考试方式测试该层次财务人员的业务能力。为调动该层次财务人员主动学习的积极性，高校可在财务人员考评中增加继续教育项目，将在线学时、学分、参训课程数量、参加课题研究的小组数、继续教育成绩等指标作为职称评选、职位晋升的依据。

第四章 管理会计在高校预算与成本管理中的应用

预算与成本管理是高校财务活动的核心环节，管理会计在预算与成本管理中的应用有助于全面提升高校预算与成本管理工作的效率，帮助高校实现预算与成本管理规章制度优化、工作方法优化与工作流程优化。

第一节 高校预算与成本管理的基本内容

一、高校预算管理的基本内容

（一）高校预算管理的依据

《高等学校财务制度》规定，高等学校预算是按照事业发展目标和计划制订的财务收支年度计划，是高校年度内要完成的事业计划和工作任务的货币表现，是高校分配资源方式的具体体现，是日常组织收入、控制支出的主要依据，也是学校规模和事业发展方向的综合反映。预算不仅是一种财务管理手段，还是一种重要的管理工具。高校预算管理就是高校依据预算，通过财务活动对自身的教学、科研、行政、后勤等各方面的业务活动进行管理和监督，以达到明确工作目标、优化资源配置、协调各部门关系、调控日常运营、进行绩效考核的目的。

在高校财务管理中，预算管理占据着重要地位，我国《高等学校财务制度》将预算管理列为高等学校财务制度改革工作的重要组成部分。目前，我国许多高校都实行了以预算编制为基础的高校预算管理制度。高校预算编制是否科学合理直接关系到高校的正常运转和长远发展。高校预算管理是高校组织日常收支活动、控制开支的基础，更是高校办学规模、事业发展方向等多方面因素的体现。加强预算管理可以促进高校教育事业的健康稳定发展，健全高校预算管理体系，通过层层落实预算管理职责，全面、合理地反映高校的收支情况，统筹安排资金的使用，实现高校事业发展规划。

（二）高校预算管理的任务

高校预算管理的任务主要包括以下六个方面。

第一，建立健全预算管理制度，对预算编制、预算执行和决算工作进行规范。

第二，加强预算管理的各项基础工作，保证预算基础资料与数据的合法、真实、完整。

第三，依法做好预算的编制、报送、审核、执行工作。

第四，严格按照规定的程序进行预算调整。

第五，加强对预算资金管理情况的监督检查。

第六，建立和完善预算绩效管理机制，提高预算资金使用效益。

（三）高校预算管理的环节

高校预算管理在高校财务管理中占据着重要地位，贯穿高校预算编制与执行全过程，是高校开展一切财务活动的先决条件与基础。完善的预算管理对高校保持良好的财务状况、实现持续健康发展至关重要。高校预算管理一般由预算编制、预算执行、决算三大环节组成。

1.预算编制

预算编制是高校预算管理活动的起点。高校首先要依据本校事业发展目标与工作计划，科学、合理地进行预算编制，为后续开展预算执行、决算、评价等工作奠定基础。因此，预算编制是预算管理的基础工作。

2.预算执行

预算执行是预算编制结束之后的具体执行环节。通俗来讲，预算执行就是把预算从计划转化为现实的过程。在预算执行期间，高校有必要开展有效的监督控制工作，规范预算的执行，对所发生的偏差及时进行修正，以保证预算目标的达成。

3. 决算

决算是高校依据预算执行结果而编制的年度报告，是对整个年度预算执行情况的综合概括，上级部门可以根据决算对高校实行监督。

（四）高校传统预算管理的模式

1. 定额经费

高校的办公费、差旅费、邮电费及其他行政综合支出的预算，一般以单位人员编制来确定数额，即采用定额经费模式。有的高校也按单位性质采用加成系数法调整定额。除了需要对特支费和人员加班费分别进行独立的分项控制以外，其他经费可合并使用，国家财政按照综合定额标准拨付。

2. 经常性专项类经费

高校部门经常性专项业务经费等费用一般采用经常性专项类经费模式管理。每个预算年度都需要对前一年的项目实施情况进行审查，以上一年度基数为基础进行预算调整。

3. 一次性专项类经费

高校基础设施建设项目、房屋修缮工程、设备购置项目、特殊经营项目及其他大型项目（十万元以上）可以作为一次性特殊项目，采用一次性专项类经费模式管理。对于这类项目，高校需要制定适合自身管理体制的立项管理办法，上级主管部门或者高校应当组织专家对项目进行立项论证和排序工作，核准项目的执行内容和预算金额，根据高校的资金情况合理安排经费，项目竣工后及时开展验收、绩效评审等工作。同时，还要加强项目预算编制、执行过程控制和监督检查等工作，设立项目库并根据项目的轻重缓急和高校财力水平进行项目排序，尤其应集中财力，着力于突破高校建设与发展中亟待解决的瓶颈项目。

二、高校成本管理的基本内容

（一）高校成本管理的内涵

高校成本指高等学校特定的成本核算对象所发生的资源耗费，包括人力资源耗费，房屋及建筑物、设备、材料、产品等有形资产的耗费，知识产权等无形资产的耗费，以及教育、科研、管理及其他业务活动的耗费。高校的支出、费用和成本之间是有内在联系的。所谓支出，就是高校进行教学、科研等活动所产生的资金耗费与损耗；所谓费用，就是高校为完成教学、科研、管理等活动所产生的当期资产耗费与损失；所谓成本，就是归集到具体核算对象上的费用。高校的各项经济业务都需要进行核算和监督，因此，高校要进行成本管理，就必须首先确认其应承担的费用。费用为高校成本管理提供了依据，费用和归集就必须在高校支出的基础上进行。如果高校不存在必要的支出项目，则不能进行成本核算。

（二）高校成本管理的必要性

进行成本管理是高校财务管理的必然趋势，它满足了政府会计改革的需要、社会的需要和高校加强内部管理的需要。

1.政府会计改革的需要

2015年10月23日，财政部印发了《政府会计准则——基本准则》（以下简称《准则》），自2017年1月1日起施行。《准则》对之前的政府会计制度进行了修订并提出了具体要求，明确了政府会计（包括与同级政府财政部门有直接或间接预算拨款联系的政党组织、社会团体、事业单位等）包括预算会计与财务会计两部分内容，其中预算会计采用收付实现制，财务会计采用权责发生制。在此背景下，各行政事业单位等会计主体都将按照《准则》执行会计核算工作，编制决算报告、财务报告，为财务报告使用者提供本单位的财务状况、经营状况、现金流量等相关信息。《准则》较好地化解了困扰我国行政事业单位已久的收付实现制与权责发生制之间的冲突，建立了单位成本核算的制度基础，同时也从侧面对高校成本核算工作提出了明确要求。因此，高校应开展成本管理，以满足相关信息使用者的信息需求，以及政府会计改革的需要。

2.社会的需要

国家教委等部门曾经对高校收费颁布过禁涨办法，现在禁涨期过去了，全国已有部分地区相继提高了高校学费标准。《高校收费管理暂行办法》规定“高等学校学费占年生均教育培养成本的比例最高不得超过25%”。然而，省市所提供的生均教育培养成本是否公平？各地新制定的学费标准是否合理？这些都需要高校提供精确的教育成本数据来判定。这就迫使高校必须开展成本管理工作，以便更好地提供这些信息。

3. 高校加强内部管理的需要

如今，高校会计已经由传统的单纯的核算与监督，逐步走向风险防范与精细化、科学化管理。高校的财务活动不仅包括会计核算，还涉及对资金使用效率的评价和预测。在预算管理的资源配置中应导入市场这一机制，资金投入应遵循投入产出与效益最大化原则，这便要求高校财务管理机构引入管理会计岗位，展开详细的精细化项目成本核算与管理工作。

（三）高校成本管理的环节

高校成本管理包括成本预算、成本核算、成本控制、成本分析与报告这四个环节（见图 4-1）。

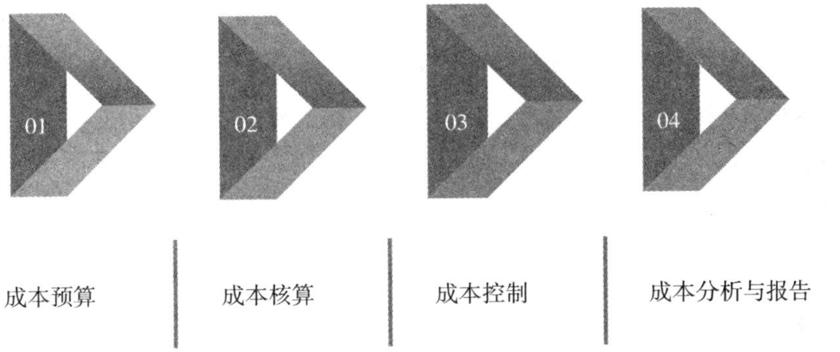

图 4-1　高校成本管理的环节

1. 成本预算

高校成本预算是指对高校未来某一时期特定对象的成本进行预测的活动。它是根据一定时期内高校教育事业发展需要和国家政策规定等制订的一种计划或方案。高校成本预算旨在通过对高校各个部门各种费用支出和收入进行合理的确定，达到预定的办学目标。成本预算是进行成本管理的基础和首要步骤，成本预算的编制可以为后续的成本控制打下基础，提供成本管理绩效考核的标准。

2. 成本核算

高校成本核算指高校对实现其职能目标过程中实际发生的各种耗费按照确定的成本核算对象和成本项目进行归集、分配，计算确定各成本核算对象的总成本、单位成本等，并向有关信息使用者提供成本信息的活动。高校成本核算对象指高校在成本核算时根据其职能目标、成本信息需求等确定的、归集和分配资源耗费的具体对象。

成本预算应和成本核算在时间、对象内容、项目等方面的口径保持一致，以便使成本预算信息和实际成本信息的口径也保持一致，为分析成本差异、强化成本管理、进行成本控制奠定基础。高校成本核算，就是按核算的对象，运用某种方法，归集高校在业务活动过程中的全部成本对其进行分配与计算的过程。高校成本核算是高校经济管理工作的重要组成部分。在成本管理中，成本核算处于中心环节。由于高校的教学工作按学年制（当年 9 月 1 日至翌年 8 月 31 日）进行，理论上成本也可以按学年核算。但是，为方便高校会计工作安排，并使其符合预算年度的规定，《高等学校成本管理办法》规定高校在成本核算过程中按日历年度核算。高校要强化成本核算基础数据信息化，根据审核正确的原始凭证、财务账簿、工作资料，建立成本费用与支出的核对机制，确保成本信息真实、可靠、完整、合理。

高校成本核算的基本步骤包括：①按照成本核算要求采集费用、收入、教职员工和学生等各类人员相关信息、房屋面积等成本相关基础数据；②确定成本核算对象；③确定成本核算对象的成本范围和成本项目；④将直接费用归集至成本核算对象，选择科学、合理的成本动因或分配基础将间接费用分配至成本核算对象，计算确定各成本核算对象的成本。

3. 成本控制

高校的成本控制是指导、限制高等教育活动的各种耗费，如办学费用、基本建设支出、科研经费支出以及其他费用，使其与预算成本保持一致的成本管理活动。高校要在确保教育质量的同时，通过制定相关制度、实施必要措施、执行工作程序等方式，遵循成本效益、全员参与的原则，对成本核算过程进行控制与管理。高等学校成本控制内容还包括相关的环境控制、事业活动控制、资产管理和信息沟通等。一般而言，高校要从组织结构、人员配置、管理制度以及信息收集与传递等方面着手，建立科学有效的成本管理体系，以实现成本控制目标，同时采用标准成本法、目标成本法等方式开展成本控制工作。在整个成本控制过程中，高校应当始终按照事业发展的目标与规划，综合考虑主管部门的要求及内部管理的需要，利用成本数据和其他相关信息，选用不同分析方法对管理情况进行分析并采取对应措施提升相关工作的质量和效益。

4.成本分析与报告

高校的成本分析与报告，就是把实际成本同有关数据进行对比，查找存在的问题、分析问题的成因并提出解决问题的措施，最后形成书面报告的全过程。高校成本报告是反映高校一定时期成本状况的总结性书面文件，是高校成本核算成果的重要表现形式，旨在为报告使用者提供高校成本信息。高校成本报告按使用者的不同可分为对内报告和对外报告。其中，对内报告是指高校为满足单位内部管理需要而编制的报告，对外报告是指高校按政府财政、教育、发展改革委等相关主管部门要求报送的报告。

高校的成本管理，要按照《教育部部署高等学校成本管理试行办法》的相关规定，结合办学实际情况，制定单位成本管理实施细则，报送主管部门备案。高校应建立以部门为基本核算单元的成本核算制度，加强对成本计划执行情况和结果的监督检查。同时，高校还可以根据内部管理的需要，确定各校区教育成本、各院系教育成本、各专业教育成本、各科研项目成本等核算的具体方式，在校内进行全方位的成本管理。

三、高校预算管理与成本管理的关系

在现代高校中，预算管理与成本管理均是开展管理工作的重点，预算管理比成本管理具有更重要的地位。概括地说，预算管理是高校成本管理工作的基础，成本控制措施必须靠预算管理才能得以执行。

（一）高校预算管理可以控制期间费用成本

通常情况下，高校对于某一时期内可能出现的期间费用提前做好预算，然后根据预算进行开支控制，实现成本管理。高校预算编制一经审批即作为一项工作列入各级管理部门财务会计报告，其后成本控制的实施有赖于对各种支出的审查和审批。在这一过程中，高校各职能部门都要根据各自的职责范围和工作内容进行具体审查和核准，并将其结果报上级主管部门或同级财政部门备案。审查和核准以预算额为基础，审批权限归责任部门所有，负责审批的各部门要时刻关注预算限额，尽量保证支出不超过预算限额，超出预算限额的支出须提前报经上级部门审查同意。

（二）高校通过预算管理设置控制环境来降低绝对成本

控制环境的形成主要依靠预算管理具体化、量化后的战略计划的恰当执行。高校通过预算管理对其战略计划进行细分，将其落实到生产经营中的各环节和各部门，从而加强内部控制，建立健全控制体系，形成健康的控制环境来实现成本管理。

（三）高校预算管理可以厘清成本管理内容

通过实行预算管理，高校能够处理好财务部门与其他部门之间在成本管理上的关系，厘清各个部门的成本管理内容，在主管财务的副校长或总会计师的领导下，将财务部门与其他部门成本控制相结合，形成一个上下贯通的成本控制系统。财务部门承担全面成本管理的责任，把成本指标按照其组成项目分解成各个具体指标，在高校的各个管理部门中实施，由每个部门根据自己的责任范围对各个成本控制指标进行分工管理。

（四）高校成本控制、检查和评估离不开预算管理

成本控制、检查和评估是确保成本管理有效的必要手段，因此，高校需要对成本管理实施常规性、经常性的监督与考察。预算管理的核心内容是责任预算管理，反映到成本控制上就是本着“谁使用、谁受益、谁负责”的原则，通过对预算指标进行分解，划分各个责任中心，遵循权责统一原则，明确各责任中心负责人职责权限，以各责任中心的成本管理任务为标准来评价成本控制情况，用成本指标完成程度来建立奖惩制度。可以说，预算管理指标是进行成本控制、检查和评估的科学依据，脱离了预算管理，就难以有效地对成本管理责任进行界定。

（五）高校预算管理的落实有助于实现成本管理目标

高校预算管理具有全员性，高校教职员工是高校战略计划的具体实施者，也是高校成本管理的具体责任人。高校在编制和实施全面预算时，要考虑到不同岗位教职员工所承担的责任，对全体教职员工进行预算管理意识培养，激励广大教职员工主动参与到高校预算管理中，从而提高高校预算管理水平。这有助于避免广大教职员工对成本控制产生抵触情绪，从而能较好地落实成本控制计划，实现高校成本管理目标。

第二节　高校预算与成本管理规章制度优化

一、高校预算管理规章制度优化

（一）高校预算管理规章制度优化方向

1.高校预算管理规章制度需要实现法治化与规范化

预算管理规章制度在财政管理体制中处于核心地位，为财政管理制度的建立提供了依据，主要内容涉及预算管理权限的划分、预算编制、预算公开、预算监督等。预算管理规章制度的功能在于规范高校等单位及其各职能部门的财政收支行为，保证各级各类资金合理有效配置，提高财政资金使用效率。在经济与技术维度，预算本质上是一种收支对比计划表。因此，实现高校预算管理规章制度的法治化与规范化十分必要。

预算管理规章制度在我国经历了两个发展阶段。第一阶段为“政府预算”，主要是为了履行国家职能、确保公权力的行使。但随着市场经济条件下政府职能的转变以及公共财政体制的改革，该阶段的预算管理制度已经不能适应新形势需要。第二阶段为“公共预算”，主要以适应公共需求、推动民众权利的实现为目标。《中华人民共和国预算法》（以下简称《预算法》）于1994年3月正式通过，标志着我国公共预算时代的到来。与传统行政管理体制相比，《预算法》在理念上更为重视法治精神，更加强调依法理财、依法行政和民主法治，这也决定了我国公共预算管理制度必将朝着法治化与规范化方向迈进。在我国政府预算管理法治化与规范化的进程中，我国高校在预算管理规章制度建设方面也要明确法治化与规范化的方向，与现代高校制度建设相适应。目前，我国行政事业单位已经初步形成了一套较为完备的预算管理体系。高校作为国家的事业单位，属公共部门范畴，建立法治化与规范化的预算管理规章制度，已经成为现代高校制度建设的一个重要环节。

2.高校预算管理规章制度需要体现权力主体意志

在预算主体上，《预算法》反映了人民群众是预算主体这一本质特征。人民代表大会是预算审查、批准和执行的主体，体现出广大人民群众既是预算权力的授予者，又是预算权力的委托者，在预算权力结构中处于主导与决策者地位，也是预算权力运作的监督者与护航者。

尽管高校并不像政府那样是一个纯粹的公共部门，但也是一个准公共部门。在现实中，高校是一个利益相关者多元化的公共组织。以成本分担为理论基础，高等教育办学经费来源于政府投入、学生学费、自身经营、社会捐赠等多种渠道。随着高等教育的大众化和市场化，学生学费与高校自身经营收入逐渐增加。因此，政府、高校师生和社会利益相关者一起构成高校利益主体，理应成为高校预算管理的主体。

如今，在高校自主权不断扩大的同时，高校预算基本属于高校内部事务，政府干预较少，因此，必须在高校内部建立起一个民主、科学的预算管理规章制度，以充分体现权力主体意志，也就是体现政府、高校师生和社会利益相关者的主体意志。

3. 高校需要建立预算公开制度

伴随社会公民参与意识的觉醒，健全信息公开体系已成为建设服务型组织的重要内容。近年来，我国政府积极推进预算管理和财政监督体制改革，不断提高财政透明度。《预算法》将透明预算纳入法律，预算公开被提升至法律高度。《预算法》明文规定预算报告或者草案应当及时公开，涉及货物、工程、服务等政府采购行为的也要公开，并在预算报告中说明。

2010 年教育部颁布的《高等学校信息公开办法》，明确要求各高校主动公开资产和财务管理制度、经费来源、每年的经费预算决算计划、财政性资金的使用和管理以及其他资料。预算公开有助于推进民主政治建设，可以从根本上防治腐败，提高财政管理水平。2014 年 7 月 25 日，教育部发布《高等学校信息公开事项清单》，其中载有基本信息，招生考试信息，财务、资产及收费信息等 10 项公开事项，要求高校保证所公开信息的真实性和时效性，建立即时公开制度，健全年度报告制度，建设统一的公共平台，强化公开监督检查。

以上规定为我国高校建立预算公开制度提供了法律依据和政策保障，指明了高校预算管理规章制度优化的方向。

4. 高校预算管理规章制度需要健全民主监督内容

高校预算管理的主要目的包括三个方面，即服从财政纪律、合理配置资源、确保资金运行效率。这三个目的都需要预算监督来实现，只有通过对执行过程的监督才能确保预算编制及执行的有效性。若缺乏有效监管，预算目标则难以实现。因此，高校在实行预算管理的过程中需要进行全面的预算民主监督。

目前，我国高校预算监督包括财政监督、审计监督、教职员工代表大会监督、外部公众监督等方式。

（1）财政监督。高校财政监督主要靠高校内部财务与外部主管部门来实施。高校内部财务部门因其自身是预算的编制者与执行者，对自身进行督导难以产生约束力；教育主管部门等外部监督以突击检查为主，效果比内部财务监督要好，但是也会受到时间和空间上的限制。

（2）审计监督。因为高校的审计部门本身就是高校行政机构，其领导由高校任命，所以审计部门对预算的监督等同于下级部门对上级领导的监督，无法从根本上制约行政权力。

（3）教职员工代表大会监督。虽然高校教职员工代表大会对预算审批有决策权，但是召开教职员工代表大会执行力相对薄弱，其决策权基本都是由行政办公会行使。

（4）外部公众监督。由于目前高校预算公开制度还在建立和完善中，公众对高校预算监督的参与度相对较低。

面对以上情况，高校亟须建立健全预算管理监督制度，来保证高校预算管理目标的实现。

（二）高校预算管理规章制度优化路径

高校预算管理规章制度优化路径包括四个方面，如图 4-2 所示。

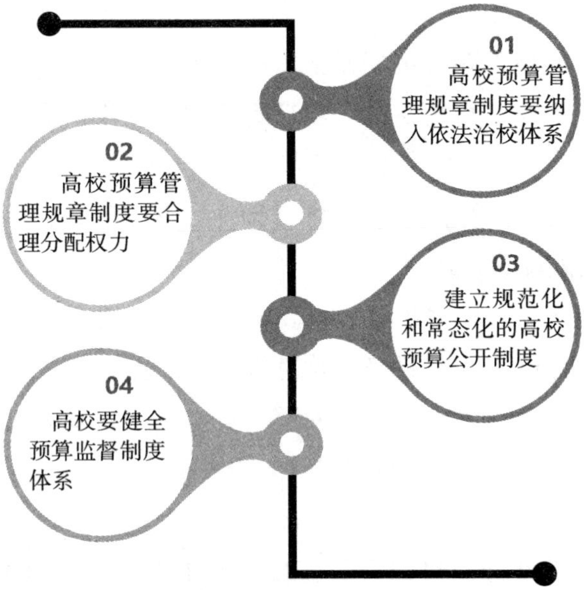

图 4-2　高校预算管理规章制度优化路径

1. 高校预算管理规章制度要纳入依法治校体系

制度体系是高校依法治校体系的重要组成部分。高校预算管理规章制度也是高校制度体系的一部分，其建立须遵循的现行法律法规有《预算法》《政府信息公开条例》等，多沿用《高校信息公开办法》和各地方事业单位或高校预算管理办法。因此，对外部建设而言，高校在预算管理规章制度改革的法治化建设方面应该根据新的法律制度，制定完善的预算管理办法；对内部建设而言，高校应该将预算管理规章制度，如预算编制制度、问责制度、监督制度等内容纳入章程，从而促进预算管理规章制度的法治化建设。高校要以学校章程为核心，以决策指挥、质量生成、资源建设、支持服务、监督控制为“五纵”，以高校、专业、课程、教师、学生为“五横”，构建纵向贯通、横向融通的制度体系，从而强化制度管理，实现依法治校。

2. 高校预算管理规章制度要合理分配权力

高校预算管理规章制度优化要制约行政权力，将更多与预算管理紧密相关的利益主体纳入预算管理规章制度体系。只有经过不同利益主体或者相互竞争主体的全面博弈才能形成多元化利益均衡格局，全面提升高校预算管理水平。

就具体路径而言，高校预算管理规章制度优化一方面要给予高校更大的办学自主权，构建第三方多元参与的预算管理制度；另一方面，高校要建立预算管理委员会监督制度，使教师、学生和其他相关利益主体共同参与预算，形成完善的预算监督体系，从内部加强对高校预算的监督与约束，使其更加透明和规范，促进高校内部预算编制的公开化。

3. 建立规范化和常态化的高校预算公开制度

首先，高校要进一步明确预算公开的主体和对象，这一点是预算公开的要点。目前，我国各级财政普遍实行了部门预算，高校作为事业单位必须在事业单位分类改革的基础上进行预算编制方式的转变与公开，明确现行预算公开内容，实现全口径预算，也就是将全部公共收入和相应支出列入预算范围，包括除政府拨款、学生学费以外的其他预算，如债务预算、科研经费预算、经营收入预算等内容。

其次，高校要采取多元化预算公开方式。除常规化的纸质公开形式外，高校还要采用互联网公开方式，健全预算公开平台，为广大师生及社会公众参与预算监督提供便利。高校网络预算公开的内容要详细具体、形象生动、简单易懂。另外，高校还应引进第三方审计，有效确保所公开预算信息的真实性和有效性。

再次，高校要建立完善的奖惩机制与问责机制，通过有效的激励调动广大教职员工的工作积极性，提升其对预算公开的参与度。对预算公开方面存在的工作过失，要明确主体责任，强化问责监督，切实做到预算公开。

最后，预算公开不仅仅意味着信息公开，高校还应该建立一套科学的预算分析体系，并将其落实到制度层面，对高校全年的预算执行情况进行精准有效的分析，认真做好年终的部门决算工作，实现预算与决算的有效对接。同时，高校应根据实际情况，开展各年度部门预算执行情况的比较研究，剖析预算执行偏差产生的原因，分析预算管理和执行过程存在的不足，为进一步健全预算公开制度做好铺垫。

4. 高校要健全预算监督制度体系

预算监督贯穿高校预算管理的全过程，发挥着极为重要的作用，高校预算管理规章制度优化的一条重要路径就是预算监督制度体系的完善，可以从以下几个方面入手。

一是加强教职员工代表大会的监督作用。实行民主管理、体现师生的主体地位是高校开展内部治理现代化工作的基本出发点与宗旨。所以，高校要健全预算监督制度体系，就必须从制度上赋予教职员工代表大会足够的职权，使其对预算管理具有决策权与监督权。教职员工代表大会在预算监督中地位的上升和权力的扩大将倒逼高校行政权力的公正执行，使预算管理更加公开、公正。

二是确保审计监督的独立性。高校审计部门要能独立进行审计，做到客观、公正，且预算审计内容不应该仅仅包括预算执行情况审计，还应该包括从预算编制前期准备工作到决算的整个周期的审计。

三是构建一个合理的预算绩效评价指标体系，将评价标准落实在预算制度体系中。高校预算管理涵盖了高校各方面资金的使用及其效益，有必要制定科学、合理的预算评价指标，以确保预算的合理性和监督的有效性。预算绩效评价指标体系必须全面覆盖预算监督的各个环节，包括从预算编制开始直至最后完成决算的全过程。高校还要在预算评价过程中启用预算评审中心及专门的审查人员，充分发挥预算评审、绩效管理的作用，实现专业人士的有效监督。

二、高校成本管理规章制度优化

（一）高校成本管理规章制度优化策略

2022 年财政部印发了《事业单位成本核算具体指引——高等学校》。为使成本管理活动得以有序开展，各高校应根据自身属性和实际情况建立成本管理制度。高校作为准公共部门，并不是以营利为目的开展经营活动，而是以提供满足公共需要的产品为宗旨。所以，与企业逐利的特点不同，高校有必要在确保提供相关服务的基础上，减少浪费，以全面成本管理理论为基础、以政府会计制度为依据、以精细化管理思想为理念优化成本管理规章制度（见图 4–3）。

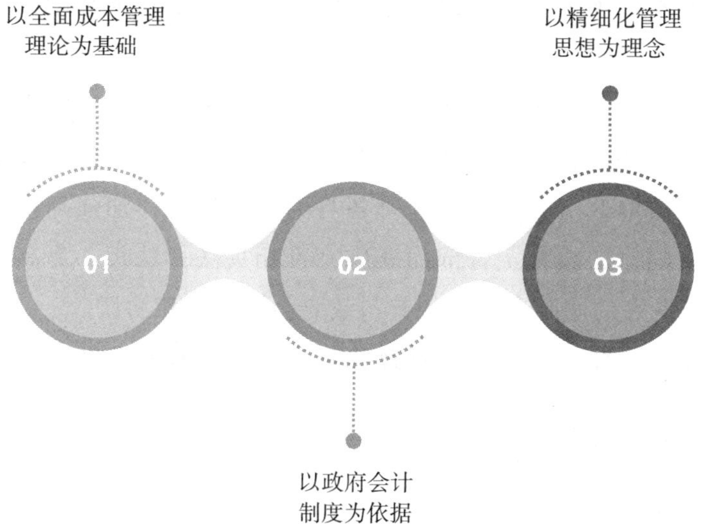

图 4-3　高校成本管理规章制度优化策略

1. 以全面成本管理理论为基础

全面成本管理理论起源于 20 世纪 80 年代。该理论认为要在一个企业中实现全面成本管理，首先要从管理过程分析的角度，全面审视企业现有的经营过程，并从中寻找存在的问题；其次要持续不断地全面改进成本管理方法。

全面成本管理理论需要管理者在整个成本管理过程中进行资源结构的优化，这也符合高校成本管理要求。高校可以结合全面成本管理理论并借鉴历史经验，根据自身的特点制定完整的成本管理制度。该制度体系具体由成本核算、成本控制、成本分析报告等方面的一系列成本管理制度构成。需要指出的是，高校不应仅仅把成本管理作为孤立的环节来看待，因为不论是对成本数据进行核算、分析还是决策，都关系到高校预算管理目标的实现，同时也影响着绩效管理的结果。所以，高校需要建立起一套可以与高校现有管理制度相契合的成本管理制度。

2. 以政府会计制度为依据

2019 年 1 月 1 日，《政府会计制度——行政事业单位会计科目和报表》正式实施，高校作为国家公益二类的事业单位也必须按照政府会计制度要求开展成本管理工作。政府会计制度呈现出“双基础”和“双报告”的特征，为高校进行成本管理制度优化提供了强有力的支撑。高校要以政府会计制度为依据，做好成本管理工作，制定实施细则，筑牢成本管理基础，对高校成本管理工作进行规范。

一方面，教育主管部门应加强对高校成本管理制度优化的政策指导，结合高校教育活动特点，会同财政部门拟定具体办法，统一规范成本管理的程序与办法，有效地改变高校成本管理各自为政的情况，加强高校之间成本数据的可比性。同时，教育主管部门还应完善相关法律法规，为高校开展成本管理工作创造良好的法制环境，使其与政府会计制度相协调。

另一方面，高校应构筑成本管理的基础，结合政府会计制度要求，建立和完善成本核算规章制度，对成本核算的机制、方法、指标等做出相应的规定，明确核算流程，将基础费用直接划分到各个二级单位、专业中，如水费、电费等；然后统计各个二级单位的资产使用状况、资产配比，实现成本的分类管理。每个教学院系和职能部门都可以被任命为成本管理专员，负责成本责任落实，收集并报告成本数据，保证成本管理工作的落实。

3.以精细化管理思想为理念

精细化管理是一种管理思想，也是一种管理文化，具体指组织落实管理责任，将管理责任具体化、明确化，让组织内部的所有管理者都尽职尽责，调动组织内部所有力量促进组织的发展。

高校成本管理是高校管理的重中之重，高校应秉承精细化管理思想，优化成本管理规章制度。例如，在成本管理规章制度中明确各类支出标准并严格执行。对于各类可控开支，如会议费、公务接待费等，一律制定明细开支标准并严格执行；对于基建项目、固定资产（设备、图书等）采购、车辆维修以及学生医疗保险等费用都可以采取政府采购和集中支付方式，确保各项支出公正、公开、透明。同时，高校要完善财务定期分析制度，可以选择月末或季末对各部门的支出进行比较分析，避免不合理开支。

（二）高校成本管理规章制度优化细则

高校成本管理规章制度优化可根据成本管理的四个环节展开，这四个环节包括成本预算、成本核算、成本控制、成本分析与报告。成本预算的规章制度优化可参考前面预算管理规章制度优化。下面着重对成本核算、成本控制、成本分析与报告三个环节的规章制度优化进行介绍。

1. 成本核算规章制度优化

（1）明确高校成本核算目的。高校开展成本核算应当满足内部管理和外部管理的特定成本信息需求，一要为高校内部组织机构合理控制成本、优化成本结构、提升资金使用效益提供信息支撑；二要为有关部门、高校进行高等教育资源配置（如确定学费收取标准等）提供成本信息参考；三要为财政、教育等有关部门开展高校绩效管理工作提供成本信息支撑，同时为高校开展绩效自评提供依据。

（2）规定高校成本核算基础。高校应当以权责发生制为原则，以财务会计数据为基础进行成本核算，财务会计有关明细科目的辅助核算应当满足成本核算的需要。

（3）界定高校成本核算范围。高校成本核算范围的界定应当与成本核算对象相适应。以高校整体为成本核算对象，高校成本核算范围包括高校发生的全部费用，如业务活动费用、单位管理费用、经营费用、资产处置费用、上缴上级的费用、对附属单位的补助费用、所得税费用以及其他费用。以高校教学、科研等活动为成本核算对象，高校成本核算范围包括业务活动费用和单位管理费用中与开展教学、科研活动相关的部分。

（4）细化高校成本分类。高校成本规章制度应该将高校成本进行明确、详细的划分，如教学活动成本可以划分为院系教学成本、学生教学成本。院系教学成本是指为满足教学活动的成本控制、绩效管理等需求，高校以提供教学服务的各学院、系、所、中心（以下统称院系）为成本核算对象，核算院系面向本院系和其他相关院系学生开展教学活动直接或间接耗费的资源。学生教学成本是指为满足高等教育资源配置等需求，高校以不同类别学生为成本核算对象，核算学生接受教学服务产生的各项耗费。针对学生教学成本，高校可以按照不同学生类别，分专业、学科、学历等进行明细核算。专业成本是指以不同专业的学生为成本核算对象，核算各专业学生直接或间接耗费的资源。学科成本指以不同学科的学生为成本核算对象，核算各学科学生直接或间接耗费的资源。学历成本是指以不同学历类型的学生为成本核算对象，核算各学历类型学生直接或间接耗费的资源。

2. 成本控制规章制度优化

（1）划分成本控制责任部门。高校成本控制要对内部机构进行划分，明确各部门的成本控制责任，如分为业务部门、辅助部门、行政及后勤管理部门等。业务部门是指高校开展教学、科研等业务活动的部门，一般采用院系的形式进行设置。辅助部门是指为教学、科研等业务部门提供服务或产品的部门，如图书馆、信息技术中心等部门。行政及后勤管理部门是指开展行政管理和后勤保障等管理活动的部门，如学校办公室、人事部门、学生管理部门等行政部门，以及餐饮管理部门、公寓管理部门等后勤部门。

（2）细化成本监督制度。如果高校无法建立完善的成本监督管理制度，成本控制就会缺乏制度约束。因此，高校必须细化成本监督制度，加强成本的内部审计，提高内部审计的独立性。除内部审计外，高校还要引入社会监督，建立对高校服务过程中各个节点的监督机制，通过加强成本监督作用达到成本控制的目的。

3. 成本分析与报告制度优化

高校成本报告包括成本报表和成本分析报告。成本报表是用以反映高校在一定时期内成本构成及其变动情况，考核评价高校运行状况的各种报表及重要事项的说明。成本分析报告是对高校运行现状和未来发展趋势进行分析预测、提出改进建议等的文字报告。

（1）高校对内成本报告管理制度精细化。高校应规定对内成本报告根据管理要求可按公历年度、教学周期或项目实施周期编报，目的在于满足日常管理、临时或特殊任务的需要，使成本信息及时为高校的内部管理服务。

（2）高校对外成本报告管理制度精细化。高校应规定对外成本报告内容至少包括相关类型学生的教学成本及其各项目金额。对外成本报告应当由单位负责人和会计机构负责人（会计主管人员）签名或盖章并加盖单位公章，按规定要求报送上级主管部门或相关部门。教育主管部门可以会同财政部门，结合教育行政管理的实际需要制定具体成本核算规范、明确对外成本报表格式等。

第三节　高校预算与成本管理工作方法优化

一、高校预算管理工作方法优化

（一）应用全面预算管理方法

高校应用管理会计中的全面预算管理方法就是把高校发展规划的目标与任务，通过有效地控制与执行经费来展开资源分配的一个持续过程，推动高校发展规划目标与方案的实施。高校应用全面预算管理方法是对预算管理工作方法的一种优化，具体可从如下几个方面入手。

1. 重塑财务机构运行机制

财务机构是高校开展全面预算管理工作的主要负责机构，因此，高校应用全面预算管理方法首先应从财务机构入手，优化财务机构的运行机制，提升财务管理工作的质量与效率。

具体而言，高校首先应根据实际教学需求，制定统一的财务方针政策或建立相关管理机制，指导内部人员根据政策或机制开展工作，唯有如此才能真正把财务管理工作落到实处，实现全面预算管理的价值最大化。其次，高校全面预算管理工作的开展需要适度的分权，通俗来说就是通过开展分级管理，切实地把全面预算管理贯穿到财务管理的各项工作之中。最后，还要重视财务人员的工作执行情况，让财务人员切实理解高校全面预算管理工作的目标与内容，根据高校发展目标和需求充分利用资金。这样既能避免不必要的经济损失，又可以重塑财务机构运行机制，进一步确保财务机构全面预算管理工作的规范化，从而提升高校管理会计应用的实践效果，促使高校实现长远发展。

2. 合理选择预算编制方法

为了更好地适应当前高校财务管理的现实需要，在将全面预算管理运用到财务管理过程中时，还应选用恰当的预算编制方式，因为如果预算编制方法不够科学，也会影响到最后的管理效果。因此，高校领导人员要在充分考虑高校财务管理工作实际情况的基础上，选择合适的预算编制方法，保证全面预算管理工作的顺利开展。

以收入预算为例，它反映了高校经费来源多元性的特点，集合了高校在一个预算年度中因发展各项事业而可能获得的一切收入，体现了高校通过各种渠道筹集资金的能力和经费来源结构。一般来说，高校收入主要包括财政拨款、事业收入、上级补助收入、附属单位上交收入以及其他收入等。高校要在采用零基预算管理方法编制全面收入预算的过程中，坚持审慎稳妥的方针，把上述各项收入充分纳入全面预算管理体系，有效开展全面预算、绩效预算、精细预算。

3. 完善全面预算控制体系

受多种因素的影响，过去高校财务管理的效率难以跟上时代发展，将全面预算管理应用到高校财务管理当中需要高校对全面预算控制体系进行完善，指导各级人员根据体系内容开展工作，避免因决策错误而出现损失。

4. 建立健全财务监督机制

为确保全面预算管理工作的规范化，高校需要建立健全财务监督机制，通过对其他部门各级工作人员进行有效的监督，包括对违规操作行为进行惩处，使高校每个人都知道财务监督机制的严密性与全面预算管理工作开展的重要性，从而自觉完成本职工作，严格执行预算，从根本上提升财务管理工作的质量。

（二）应用零基预算管理方法

将管理会计中的零基预算管理方法应用于高校预算管理工作中，可以优化高校预算编制方法，配合全面预算管理工作的开展，具体可以从以下三个方面入手。

1. 回收校内各部门以前年度结余资金

零基预算法最大的优点就在于，能够改变高校由于多年沿用基数预算法导致的校内各部门结余资金量大、经费利用效率不高等情况，促进高校预算工作改革。通过应用零基预算法，高校财务处可排除以往预算基数的影响，按当年重点工作重新安排经费；对于各职能部门的基本业务费，如办公用品购置费、电话费、邮资费、交通费、印刷费、差旅费、小型办公设备及家具更换费等，实行“刚性预算，结余回收”的管理办法，按照预算申报开支范围从严控制。另外，在“结余回收”管理办法下，高校财务的重要工作还包括逐项核实各部门项目，清理各部门项目的账务，并将过去多年积累的各项目进行筛选，做到该保留的继续保留、该取消的坚决取消，回收校内各部门以前年度结余的沉淀资金。

2. 在控制拨款总量的前提下改变拨款方式

在应用零基预算法前，高校对学院经费的分配所沿用的基数预算法将学院的经费交由职能部门，如教务处、学生处、研究生院等，进行二次分配。在应用零基预算法后，高校可在控制各学院拨款总量的前提下，将学院经费进行直接拨付，不再交由职能部门进行二次分配。具体操作步骤如下。

（1）高校在学费收入中按照一定的比例来确定各学院人才培养经费拨款总量，不过这种比例计算方式不能“一刀切”，还要兼顾专业差异、学生人数和学费标准差异等因素，从而确定合理的调节系数，再综合考虑各学院的学费欠费率和贡献率，最终综合测算出各学院的预计经费总额。需要注意的是，高校的经费拨款并不会直接按照测算出的预计经费总额直接进行拨付，还要综合公共课数量、专业实习经费支出、专项培养情况来确定各学院的拨款总额；各学院再结合实际需求编制出一份科学合理的二次预算分配方案并实施，体现各学院人才培养的主体地位。

（2）高校在编制新一年预算之前，要对上一年年末的培养经费结余进行结转，将其转入各学院促进内涵式发展的项目，用以支持各学院促进内涵式发展的项目建设。该项目经费须由各学院向财务处提出申请，经批准后方可使用，并在规定期限内回收结余。

3. 合理分配专项经费

在零基预算法下，高校各部门在申报预算项目时，必须将预算项目按工作职能分类，因工作事项提出预算申请，并公开报告本年度申报项目的立项依据、预期目标、经费预算明细和项目执行计划等，然后由财经工作委员会成员和有关专家开展评审，经论证合格的项目方可按轻重缓急顺序列入高校预算。另外，为配合全面预算管理，年末高校应针对各科室报告的项目进度及专项经费使用情况，根据有关财务指标，开展绩效研讨、履职评价等工作，并将评价结果用作高校领导班子考核及次年经费预算的参考。

二、高校成本管理工作方法优化

（一）应用目标成本管理方法

高校成本管理包含多项内容，在成本管理工作方法优化上，高校可将管理会计中的目标成本管理法应用其中。

以高校后勤经费管理为例，应用目标成本管理方法，可从目标成本的制定、分解、控制、分析与考核四个环节入手（见图 4–4），各环节之间环环相扣、缺一不可，共同推动着目标成本管理工作的持续开展。

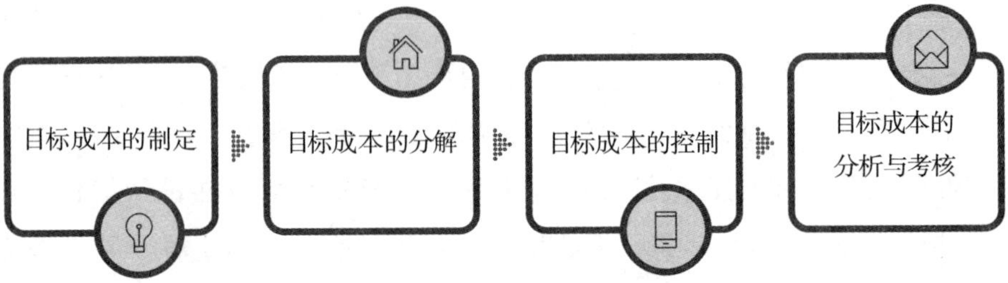

图 4–4 高校目标成本管理环节

1. 目标成本的制定

制定目标成本是目标成本管理实施的起点，对后续成本管理环节有重要影响。高校是事业单位，其成本管理属行政预算体系，其中后勤费用的管理也是如此，可以预估目标利润，再把控目标成本。因此，在高校后勤经费管理中，后勤部门首先要结合第二年实际需要编制后勤费用预算报高校财务处，高校财务处再按财政部门拨付的预算总盘子，采用增减静态预算方法对全校预算进行配置和调整，最后报校长办公会审批同意后再下拨后勤处。后勤处将下拨的后勤预算经费作为成本管理的对象，即制定目标成本，并对其加以分解和控制，以保证后勤工作的顺利开展，相关支出不超出预算金额。

2. 目标成本的分解

高校后勤经费一般以水电费、车辆运行费、物管费、宿管费、维修费、绿化费等为主。高校后勤处以高校财务处拨付的后勤预算经费为目标成本，针对校内车辆中心、物管科、宿管科、能源中心等责任中心的实际经费需求进行成本的分解，每个责任中心都需要制定目标成本，并进行目标成本的进一步分解，然后在有关部门内部充分执行。

在目标成本的分解过程中，高校后勤处应注意如下三项原则。

（1）统一性原则。高校后勤处分解的各个小目标成本之间不应存在相互矛盾和脱节等情况，而应构成一个统一的有机整体。

（2）可行性原则。被分解后的小目标，应充分契合高校后勤处每个责任中心的实际情况，具有可操作性，使其经过努力基本都能得以实现。

（3）可控性原则。被分解后的小目标必须在高校后勤处每个责任中心的可控经费总量范围内，本着谁分解、谁负责的原则，把小目标的落实责任分配到人。高校后勤处要根据各责任中心的目标成本分解结果，在经费总量一定的情况下，经过综合平衡，将成本目标表正式下达到各责任中心，使其以此为依据进行后续的自我控制与检查工作。

3. 目标成本的控制

目标成本的控制在目标成本管理中处于核心地位，是确保目标成本顺利达成的关键。高校后勤处应建立成本费用报告制度，定期公示各层级成本费用目标的完成情况，组织各责任中心按月召开目标成本落实情况分析与研究会，对成本费用目标实现进度和未能实现的原因进行剖析，对特殊差异的处理应遵循例外管理原则并着重分析原因，从而快速有效地解决问题。因此，高校后勤处的每个责任中心在适当时间报告的费用差异就是一个十分重要的成本控制信息。后勤处管理人员可从成本控制与目标成本之间存在的差异中找出问题所在，快速采取措施配合各个责任中心解决问题，必要时也可适当修正和调整目标成本，使目标成本管理取得良好的实施效果。

4. 目标成本的分析与考核

分析与考核是目标成本管理的最后一环，是在成本费用全部形成后定期进行的工作。

高校后勤经费管理目标成本的分析方法是把每年的实际成本费用与目标成本进行对比，对目标成本完成状况进行分析，为下期制定目标成本提供数据支持。各个责任中心需结合实际情况对目标成本完成状况进行分析并撰写分析报告，层层上报后再由后勤处进行综合细致的分析。目标成本的分析内容主要包括如下四个方面。

（1）说明过程。如目标成本管理的实施情况、实施过程中目标成本是否进行过调整。

（2）说明结果。所采取目标成本控制措施有没有取得预期效果。

（3）分析差异。高校后勤处或责任中心的实际成本和目标成本之间的差异是多少，造成这种差异的原因是什么，是否因各个责任中心之间在协调合作方面不力而出现差异。

（4）总结经验。实施目标成本管理过程中采用了什么比较成功的方法，还有什么地方需要完善，并据此提出建议，以期为下一阶段目标成本管理奠定良好基础。

高校后勤经费管理目标成本的考核方法是依据各个责任中心实际成本费用与目标成本的差异结果，来考核并评价其工作开展情况。在实施目标成本管理的过程中，目标成本考核至关重要。目标成本考核主要内容之一就是充分肯定具体环节、具体部门及个人为降低成本所做的贡献，并视贡献大小给予其相应的奖励。在进行目标成本考核时，只有把成本责任、成本效益与经济利益结合起来，才能使部门与个人的利益全面统一。高校通过对个体工作绩效的客观公正评价，使得个体承担的成本责任和达到的成本效益与获得的经济利益相协调，实现了物质奖罚、精神鼓励与思想教育相结合，从降低成本、提高效益的角度切实促进了个人工作积极性与主动性的提高。

（二）应用作业成本管理方法

作业成本管理方法就是把间接成本、辅助资源更加精确地配置在作业、生产流程、产品、服务、客户中的成本核算方法。高校的运作具有明显的周期性和稳定性，每一届学生从入学开始到毕业结束，循环往复。尽管高校也进行多元化产品的大批量生产，需要不同的硬件设施、不同的技术和大量的时间精力，但高校所具备的职能分工明显、作业稳定的特点与作业成本管理方法的核算特点相一致。因此，考虑到作业成本管理方法对间接成本核算效果较好，且高校成本核算直接费用少、间接费用多的实际情况，将作业成本法的多动因分析应用到高校成本核算管理中，可以使高校成本会计信息更加真实、客观、准确，从根本上提高资金的使用效率，实现教育教学资源的优化配置，进而促进高校整体办学水平的提高。另外，应用作业成本管理方法可以兼顾高校内外部信息使用者（包括高校领导层、管理层与其他教职人员在内的高校内部信息使用者，以及政府、用人单位、捐助捐赠者、家长等外部信息使用者）的需求，降低教育成本核算费用，强化高校财务管理。

以高校教育成本管理为例，应用作业成本管理方法，须从确定主要作业和负责部门、收集每项作业的成本、选择成本动因、计算作业成本这四个环节入手。

1.确定主要作业和负责部门

高校的运营过程是一个并行功能结构，需要对组织职能中的人力资源进行分析，依据管理目的来选择成本控制重点，在进行高校运营决策时还要兼顾成本效益原则。高校作业活动可分为两大类：一类是主要作业，包括教学、科研、社会服务（如培训）、部门管理等，发生于各个教学学院和部门中；另一类是辅助作业，由高校总部管理机构及其辅助部门负责，如房屋折旧、设施折旧、资产维护、日常事务、科研、辅助资源、登记、国际交流等。高校应首先保持主要作业的正常经营，根据成本动因向主要作业拨付资金。

2.收集每项作业的成本

高校教育成本管理应用作业成本管理方法时，在确定主要作业之后，需要按照以下三个步骤将成本归集到每项作业中。

（1）作业分析。将所消耗的费用进行确认与计量后，按照性质、用途等因素将其归集到资源库，从财务账户中提取资源消耗数据。

（2）对财务账户内的数据进行调整。高校面向学生开展的教育教学活动与企业生产向产品的纵向转移相似，需要由并行的职能单位协助开展工作。需补充说明的是，在教学活动或者职能部门间互相提供服务时，有必要根据重要性原则或者交互分配原则将交叉产生的成本进行分类，避免成本重复计算，确保核算结果的准确性。因此，高校应当对资源消耗数据进行调整。

（3）将调整后的资源消耗收集到作业成本中。经调整的其他资源消耗将按接收部门的性质分配到该部门的主要作业中，作为高校的辅助作业成本。

3.选择成本动因

成本动因由资源动因与运营动因两部分构成。每一种作业中的资源配置都有不同动因，如劳动力以工时为计算单位，材料以材料消耗为计算单位，电以千瓦时为计算单位，水以立方米为计算单位，机器和实验室设备以工时、建筑为单位进行折旧，物业以使用面积及时间为单位进行折旧，这些作业活动的驱动因素由多种要素共同构成。因此，有必要在满足成本与运营分配相关性要求的基础上，对成本动因做出恰当选择。具体而言，高校要进行作业中心与成本动因识别作业，划分各作业中心，按照资源动因将资源库价值分配到作业成本库中。

4.计算作业成本

高校要对教育成本的作业成本动因分配率进行计算，根据成本分配对象界定作业动因，将成本支出进行成本客体分配，即将每个作业动因总量与动因分配率相乘，将成本支出分配到成本对象中去，通过各作业中动因总量乘动因分配率计算出不同作业流程中某项作业的成本数，然后遵循重要性和效益性原则，将各作业成本库价值分别计入最终产出，形成最终产出成本。

第四节 高校预算与成本管理工作流程优化

一、高校预算管理工作流程优化

高校的预算管理工作包括预算编制、预算执行、决算三大环节。因此，高校预算管理工作流程优化也将从这三个方面入手。

（一）高校预算编制流程优化

1.高校预算编制流程

高校预算要根据国家政策法规和上级主管部门的要求，根据高校中长期发展规划，遵循跨年度预算平衡的原则，参考上一年预算执行情况、有关支出绩效评价结果和本年度收支预测，按规定程序编制。一方面，高校应坚持“以事定财”的预算理念，议事在先，定财在后。高校的基本建设、大型仪器设备采购、人员经费需求变化等重大事项应提前履行决策程序，未经高校决策的重大事项，不予安排预算。另一方面，高校应坚持“量入为出，收支平衡”的预算编制总原则，一般不安排赤字预算。收入预算编制应当积极稳妥，支出预算编制应当统筹兼顾、保障运转、突出重点、勤俭节约。

高校一般按照自然年度编制收支预算，将各项收入、支出全部纳入年度预算，统一管理，统筹安排。高校预算编制工作应遵循“二上二下”程序，分四个阶段进行。

（1）“一上预算”。预算单位编制本单位全面收支预算，撰写预算说明。学院预算经学院党政联席会议审议，机关部处及附属单位预算经分管校领导审批。

（2）“一下预算”。计划财务处汇总、分析各预算单位申报的预算，制订高校总体预算初步方案，并在听取预算单位编制意见后，明确各预算单位预算控制数。

（3）“二上预算”。归口管理部门对专项经费预算组织专门论证，形成方案后提交校长办公会审议。预算单位根据预算控制数修改完善本单位预算方案，并再次上报。

（4）“二下预算”。计划财务处制订高校预算方案，提交财经工作委员会审议，通过后报高校党委常委会审定并下达。

2. 高校预算编制流程优化策略

（1）高校预算编制流程优化要统一预算口径。由于各预算单位的预算最终是以经济科目来表现，同时区分不同资金来源，各预算单位预算中的基本支出部分是直接填报明细的经济科目；各预算单位预算项目支出还要求在项目书上列明专用材料费、劳务费、差旅费、委托业务费和专用设备购置费等预算经济科目预算数，各预算单位预算和总体预算在本质上能够殊途同归，并最终通过特定经济科目得以体现。

高校在编制预算的过程中应统一各预算单位和总体的预算口径。总体预算表格设计可以细化到具体经济科目明细，分清资金来源并提供测算依据。总体预算汇总所得经济科目额度，可作为各预算单位预算核定经济科目预算数的依据。另外，各预算单位所提供的测算依据也可作为定额拨款审批时的参考依据。当财政预算下达后，高校可以根据各预算单位所报的预算内容，由系统依据预算数设置各个经济科目额度和关联资金来源，高校各预算单位则严格依据所报预算对预算执行进行管控，从而自然地将预算和执行有机地融合起来，以增强预算刚性。

（2）高校预算编制流程优化要完善预算申报流程。首先，考虑到各预算单位预算本质上源于总体预算，且总体预算是以各预算单位预算为基础，因而高校可在各预算单位预算编制启动的同时部署总体预算，否则很容易使各预算单位不了解宏观预算数字，出现申报的预算数不确切的情况。

其次，在“一上预算”的过程中，当财政部下发编制次年各预算单位预算的通知时，高校可根据上级文件精神和工作任务部署，通知有关各单位申报预算计划数，经计划财务处总结审核后形成各预算单位预算草案报送教育部。这里的预算主要是教务处、学工部、研工部、成教学院、科研处、后勤管理处等各预算单位年收入的测算。

最后，在“二上预算”的过程中，各预算单位预算和总体预算要按照上级批准的预算数和高校事业发展规划进行编制，高校同时发出总体预算编制通知书，由各预算单位向归口管理部门申请经费，职能部门进行汇总论证后报校长办公会审议，项目清单和经费申请经批准后由计划财务处组织编制。高校最终对总体预算结果进行汇总并与上级下拨的专项经费相结合，构成高校各预算单位“二上预算”。在这一过程中，各预算单位预算和总体预算是同步进行编制和上报的，虽然时间比较紧，在各预算单位预算完成“二上预算”后同步进行总体预算安排，但是经过完善的流程简化了预算编制环节，提高了预算编制效率，增强了预算编制前瞻性，有利于提前规划下一年度的任务。同时，以上编报流程也为高校财务精细化管理提供了便利。各预算单位编报的预算其实大部分来自总体预算，如政府采购预算表，须详细填写高校预算年度计划采购仪器设备情况、图书资料及其他技术参数，如配置标准、数量、单价、是否为进口、是否为中小企业采购项目等。如果每年用于教学、科研、行政及其他仪器设备购置的总体预算都已通过论证并确定下来，就不难相应地填列各预算单位预算的有关内容。总之，将各预算单位预算和总体预算同步进行编报可以增强二者的契合度和预算刚性，降低经费后续使用时不得不调整方案的概率。

（二）高校预算执行流程优化

预算执行是预算任务完成的关键所在，也是预算管理工作的中心环节。预算执行情况将对高校财务状况产生直接影响。当前我国高校正在积极进行预算管理改革，高校预算管理在改善教育和科研支出结构、提高绩效管理水平等方面都有重要作用。为了使预算执行更加准确和科学，切实做到开源节流和提升高校核心竞争力，高校要从预算执行流程入手，优化预算执行过程管理。

高校为了避免年终大量用款而造成经费使用效益下降等情况，必须提高预算执行管理质量，实现预算执行全过程监控。因此，高校要开展预算执行进度控制。预算执行进度控制是在合理制订工作进度计划的基础上，对项目执行过程进行监督和引导的活动，通过比较计划进度目标和实际进度，剖析存在的问题及其成因，积极探讨支出预算实施进度的合理控制措施，以达到有效控制项目进度的目的。高校预算执行流程优化的核心就是要控制好预算进度，具体应从四个方面着手，如图 4–5 所示。

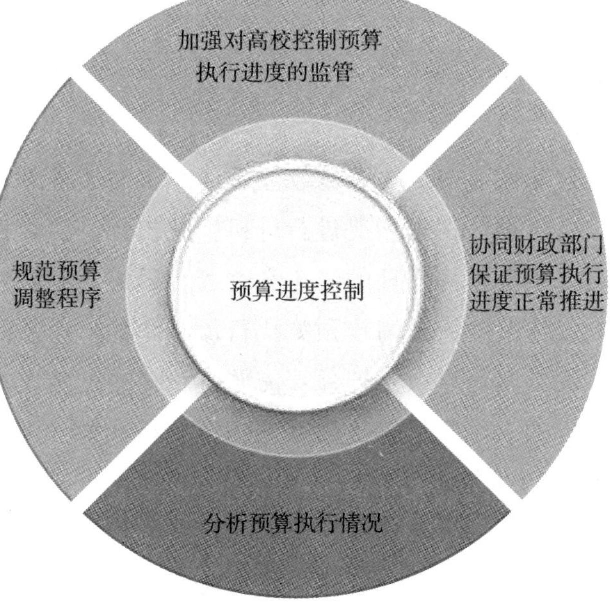

图 4–5　高校预算执行流程优化策略

1. 加强对高校控制预算执行进度的监管

高校各预算执行部门应严格执行预算计划实施进度管理的要求，对账务支出的处理进行跟踪，并对经费往来挂账及时进行清理。对跨年度基本建设支出，高校要根据各业务或项目批复预算至工程付款各个环节的要求，认真监督，抓好业务运营或项目建设进度，办好业务完结或项目竣工财务决算，组织业务完结和竣工项目验收工作，结算已完成的业务或项目资金。

2. 协同财政部门保证预算执行进度正常推进

为了进一步强化与财政和相关部门之间的合作，高校需要对预算执行进行充分准备。

首先，高校项目主管部门要对项目进行审核审批和建设管理，提前筹划项目申报、审批和报备工作。

其次，财政部门要积极主动地配合高校项目主管部门，共同提高项目备选库的建设水平，保证资金的及时划拨，筑牢项目预算的工作根基。财政部要组织行业主管部门对中央专项切块资金的具体项目进行审定，并加快资金拨付速度。

最后，高校要严格按项目管理的要求做好项目前期准备，保证项目预算经审批后能够及时执行，在各方面的共同配合和努力下，保证预算目标的顺利达成。另外，高校还要健全预算拨款管理制度，支持教学和科研业务的顺利开展。

3. 分析预算执行情况

在高校预算管理环节中，决算比较注重成果，属于静态概念。预算执行环节重在通过对高校预算执行情况进行分析，找出预算执行偏离预算目标的成因，以适时进行年度预算管理的修正和完善，最终达到较好完成年度预算的目的。预算执行情况分析是高校预算执行流程中的一个重要环节，是指对多种不确定因素发生变化导致年初预算需要进行调整的情况进行分析。高校预算执行情况分析的工作质量直接关系到预算执行成效。因此，高校应优化预算执行情况分析工作。

预算执行分析主要包括差异性分析、一致性分析、进度分析和例外事项分析这四个方面内容。差异性分析是指通过对实际执行结果与预算目标进行对比来分析产生差异的原因。一致性分析是指分析高校预算执行情况与预算目标是否一致。进度分析就是为了考核预算项目而对项目实施进度进行分析。例外事项分析是指在预算执行过程中，对由于不可控因素造成的例外事项进行成因和影响分析，从而加以防范和控制。高校在预算执行过程中必须对这四个方面的内容展开全面分析，缺一不可。

预算执行部门应在预算执行期间设专人对部门的预算执行情况进行审查，收集关于财务和其他方面的信息材料，以便为预算执行情况分析报告的科学编制工作做好铺垫。预算执行分析报告分为定期报告与临时报告。月度、年度分析报告均要对高校预算执行情况进行综合分析。高校要对预算执行与预算目标间存在的重大差异与问题编写临时报告。预算执行情况分析报告的编制要满足下列要求：一要综合运用因素分析、比较分析、比率分析等分析方法，从不同维度分析数据差异；二要采用定量分析与定性分析相结合的方法全面分析数据差异；三要对预算执行过程中出现的差异及其成因进行客观的分析，提出具体而有效的解决办法。

4.规范预算调整程序

预算在具体实施过程中会随着各种不可控因素的变动而发生变化，高校应及时对预算计划进行调整。各预算执行单位对预算执行情况要密切注意，预算执行中由于客观情况的变化而需变更原有预算安排的，要逐级书面报告有关部门，说明客观情况变化的具体情况及其对预算执行产生影响的大小，并对预算幅度进行合理的调整。特别是在每年对部门预算进行中期调整时，预算执行单位和预算管理委员会应紧密配合，科学调整预算，确保高校正常、有序运行。

高校预算调整主要有项目间调剂使用的调整、追加预算调整。预算的调整分为下列三种情况，高校要分别规范其调整程序。

（1）对日常经费间调剂使用的调整。分管校领导可以在一定范围内对预算进行调剂使用，但不得影响原有预算项目执行情况。

（2）对专项经费间调剂使用的调整。因特殊原因需要对预算进行调整的，必须提交项目可行性论证报告、审批报告，并经分管校领导或者校务会批准后方可调整。

（3）对动用预备费和预算追加调整，必须提供立项依据或者项目经费用途、预算方案及其他有关资料，严格执行有关审定制度，财务处根据校务会批准的纪要等方能完成预算追加手续和经费安排。对于预算调整账务处理，会计人员要全面了解各个预算科目的含义，合理编制预算凭证，从而为高校预算管理工作提供准确的信息，进而增强高校管理者经济决策合理性。具体而言，高校预算调整是在确保各项工作计划完成的前提下，对由于调整预算项目而变更资金用途所形成的预算资金的重新分配。所以，预备费用用于临时项目支出的，应当采用预算调整科目作为预算凭证，余额为零的应当采用预算追加科目进行调整。划转统筹项目到下一级部门的，也应当采用预算调整科目。

（三）高校决算流程优化

决算报表是组织依据资金收支实际情况，以预算信息数据为基础，对财务信息内容进行的整理记录。与财务报表相比，决算报表的编制时间、编制方法和编制目的都存在明显的不同。高校决算工作作为行政事业单位管理的一个重要组成部分，是对高校预算执行状况的全面总结，也是查找财务问题的一个重要工具，更是高校决策的一个重要依据。高校决算报表同时也是上级主管部门，财政、税务、审计等部门掌握高校情况并进行考核的基础。

政府会计制度从2019年1月1日起开始在我国各级各类事业单位中全面施行。在该制度下，高校决算报表的编制工作时间紧、任务重，有关工作不仅要求会计人员提高专业技能与综合素质，还要求高校管理层重视决算报表的编制。随着政府会计制度的施行，高校决算报表质量得到显著提高，但是高校决算流程仍需进一步完善。因此，高校必须从政府会计制度与决算报表概念入手，对决算报表的基本内涵、编制要求、编制思路、编制方法进行详细的分析，并在对其中的环节进行多方面的思考后提出相应的优化意见，这对于高校决算报表的编制实践有着理论与实践的双重启示。政府会计制度给高校会计财务信息管理工作提供了改革方向。为推动部门决算报表工作质量的提高，高校还需要从决算报表编制工作的流程入手，对编制工作进行优化。

1.做好决算编制准备工作

在决算编制工作正式启动之前，高校须做好以下准备：一是检查日常账务处理是否正确、及时。检查对象主要包括账务统计数据、部门基础数据、会计报表数据，以及财政部门批准的年度预算数据等，其目的是及时发现错误，然后采取纠正或补救措施。二是审查银行对账有无异常情况、核算内容与经济分类的要求是否相符、会计科目的运用是否恰当。三是仔细阅读部门决算报表的编制说明等部门决算文档资料。四是其他方面的准备，包括部门决算软件的安装、更新和使用等。高校年度决算工作时间紧迫、任务艰巨，对账工作要根据本单位的情况提前开展，通常进入第四季度即可开始年末筹备。

2. 理解高校决算报表相关内容及编制要求

（1）高校决算报表的分类。高校决算报表根据分类标准的不同可划分为多种类型。根据支出类型的不同，高校决算报表具体可划分为项目支出类和基本支出类两种类型；根据资金性质的不同，高校决算报表具体可划分为自有资金类、专户管理资金类、财政拨款类三种类型。

（2）高校决算报表的基本构成。一张完整的高校决算报表应包括报表封面、主表、附表、填表说明、上报文档共五大部分。其中，报表封面以填列高校情况为主；主表包括收入支出决算汇总表、收入支出决算表、收入决算表、支出决算表等；附表包括预算支出相关信息表、基本数字表、机构运行信息表和非税收入征缴情况表；填表说明介绍决算报表的编制范围、填报口径等内容；上报文档包括填报说明、决算分析报告以及其他需要特别说明事项的文档等内容。

（3）高校决算报表编制要求。在决算报表编制工作中，高校需按照信息化要求对报表进行调整和填列。高校决算报表不仅要求主管部门具备发现问题、分析问题、判断问题、解决问题的综合业务能力，而且要求主管部门熟悉高校本年度所发生的各项经济业务，掌握年终结转、核算方法和会计制度。在决算报表编制阶段，各高校在决算报表编制工作任务分配上具有显著的差异性，有的高校将编制任务分配到会计科，有的高校将编制任务安排到计划科。高校年末的各项任务较重，决算报表的编制普遍面临着关键数据采集困难和人员配备不足的难题。上级财政和主管部门规定高校必须对其决算报表真实性负总责，所有数据应以查证属实的各级政府、部门、单位的会计数据为依据，据实编报各部门决算，强化内部科室之间的协调配合，保证账表相符、账实相符。另外，编制高校决算报表还有一个相当重要的工作，就是做好当年的财务核算工作，只有这样，才能对高校全年预算收入、支出数据及往来款项及时进行清理核查，并对决算数据进行对账，如果高校当年是首次实施新制度，还要做好新旧制度的衔接工作。

3. 优化高校决算报表编制思路及方法

由于政府会计科目与高校各部门决算报表项目不完全相同，在决算报表的编制中，有必要先设定两个体系收入之间的关系匹配。为保证决算数据和财政对账单的一致性，当前政府会计制度规定决算报表的编制应以零余额用款额度及其他存款账户为核心，与国库和银行等进行一一核对，及时发现问题并进行交流和调整。

鉴于高校决算报表所涉及的表格和数据极其复杂，在具体填报时应坚持“先主后附、先小后大”的基本填报原则，着重对一些报表的填写方法进行分析，优化高校决算报表编制思路及方法。

（1）年初结转和结余调整情况表的填列。通常情况下，高校年初结转结余要与上年末保持一致，但在某些特殊条件下二者也存在不一致的情况，如以前年度已列的经费被追回、重新核定结余、审计部门提出调整建议等。在这些情况下，高校应优先开展年初结转和结余调整情况表的编制工作，详细阐述年初结转和结余调整金额、调整原因、调整依据。该表在政府现行会计制度中主要体现了对单位年初结转和结余的调整情况，包含调整之后变动项目及调整之前结转和结余数据。其中，变动项目涉及内容较多，填报难度较大。具体而言，财政调减收回的以前年度指标应当填入“归集上缴和缴回资金”项目。归集调入或调出填列要注意的是，归集调出通常是负数，归集调入通常是正数；收回以前年度支出的填列通常是正数。以上操作一般会导致结转结余资金的增长，审计调整、监督检查调整等情况导致的会计差错更正也会影响结转结余资金数。调整前年初结转和结余的填列要对应预算结转结余信息，有关数据应从上年度决算年末结转和结余中提取。

（2）收入支出决算总表的填列。该报表的基本结构及填列方法与财政拨款收入支出决算总表大体一致，二者均于主表最后填列，但二者口径有显著差异。就收入支出决算总表而言，其所填列的资料主要是决算数、调整预算数以及年初预算数。政府现行会计制度下有关数据填报应符合如下平衡关系：一是支出与年末结转结余决算数之和等于收入与年初结转结余决算数之和，二是支出与年末结转结余调整预算数之和等于收入与年初结转结余调整预算数之和，三是收支年初预算数持平。具体而言，决算数是系统根据先前填列的有关报表数据自动生成的；支出调整预算数填列的是经调整后的年度预算数，其中包括年初预算数以及预算调增调减数；年初预算数填列由同级财政部门批复的年初预算数。与此同时，支出的调整预算数通常要大于或等于决算数。另外，财政拨款收入支出决算总表填列要点与收入支出决算总表相同。

（3）收入支出决算表的填列。该报表的填列应以收入支出总账和明细账的发生数为依据。当年的收入与当年的支出都是通过系统运算生成的。年初结转和结余不得包括事业单位非财政拨款结余和专用结余，填列时要对应年初结转和结余调整情况表中的数据，实质上就是调整后的年初结转和结余。从年末结转和结余来说，经营结余是正数时，通常要按规定进行结余分配。政府现行会计制度下的经营结余年末要转入非财政拨款结余分配科目，经营亏损年末不结转，不得用非财政拨款结余进行弥补，应以以后年度经营利润进行弥补。

（4）收入决算表的填列。该报表反映高校当年依法获得的列入部门预算管理的全部资金。高校应按照支出功能分科目对该表进行分析和填列。在具体填列时，应注意如下问题：一是要对非同级财政拨款收入进行准确界定，厘清非同级拨款和同级横向拨款之间的差异，非同级拨款是指由非同级财政部门或者其他预算单位划拨的财政拨款收入，而同级横向拨款是指由同级其他预算单位或者主管部门划拨的财政拨款收入；二是其他收入栏填列的主要是银行存款利息收入、租金收入、捐赠收入、非同级财政拨款收入等；三是事业收入中的教育收费栏所填数据要与非税收入征缴情况表相匹配，还要与财政部门对账相符，主要填列财政专户管理资金。

（5）其他填列要点。在编制项目收入支出决算表时，应根据政府采购系统的实际执行金额填列实际采购金额，并根据部门预算情况填列采购计划金额，如果部门预算数额大于采购计划金额，高校应在决算报告中说明原因。关于基本支出决算明细表和项目支出决算明细表的填列，因二者填报方式相同但口径不一，高校可根据自身填报口径并结合有关会计科目进行填报。此外，对财政收回资金来说，高校在决算报表编制中依据具体的指标文件，直接减少对应功能科目的年初结余结转数即可。基于此，高校可按照上述处理办法填列年初结转和结余调整情况表。

二、高校成本管理工作流程优化

高校的成本管理工作包括成本预算、成本核算、成本控制、成本分析与报告这四个环节。下面从成本核算、成本控制、成本分析与报告三个环节的工作流程优化入手进行介绍。

（一）高校成本核算流程优化

结合作业成本法的应用，高校可以重塑成本核算流程，将成本核算工作分为两部分：第一部分主要根据资源动因把实际取得的产品所发生的消耗分解为各作业环节，第二部分根据作业动因对成本进行具体对象分解。具体流程如图 4–6 所示。

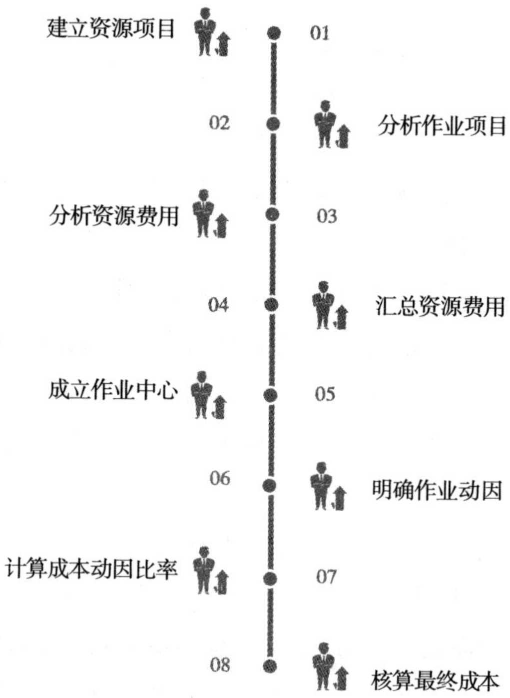

图 4–6　高校应用作业成本法进行成本核算的流程

1. 建立资源项目

高校应用作业成本法进行成本核算时首先要建立资源项目，即尽量把高校的所有成本支出全部计入项目，这样才能展开全面详细的成本核算工作。根据我国高校教育的实际情况，高校可以对教学、科研、后勤等业务活动所发生的成本进行分类核算，建立起各业务的资源项目，避免错漏发生，为下一步工作打下良好的基础。

2. 分析作业项目

由于高校具有事业单位性质，其组织架构是基于职能的水平架构而非企业的垂直架构。因此在分析高校的主要作业时，要根据作业性质对其进行归类，具体可分为如下两种：一是主要作业，这类作业在高校中是基本作业，涉及教学和科研等方面，上到院系管理，下至学生管理均属此类作业；二是支持性作业，这类作业是在主要作业的基础上开展的，是主要作业的重要补充和辅助。

3. 分析资源费用

以作业项目为依据，必须弄清资源费用发生的原因，以及每个作业所发生的资源消耗和费用。基于作业成本法的分析可把高校资源费用划分为如下三种类型：一是专属资源费用，即费用的发生集中在一项或多项作业之上并能清晰地对其发生流程进行梳理；二是终结性资源费用，即只需经过最终成果即可将成本分配给具体的活动，不需要对每项作业进行分析，可直接计入成本；三是非专属性资源费用，即费用的发生过程涉及大量的作业，需要将不同的作业加以拆解细化，在此基础上确定如何进行成本核算。

4. 汇总资源费用

即使是同一项作业的成本也并非固定不变，如教学、科研等活动在不同时期开展的深度如果存在较大差异，相应的费用也会存在不同。所以在核算成本时，高校有必要有针对性地综合考虑各种情况进行资源费用的汇总，以确保核算结果科学、准确。

5. 成立作业中心

每个作业均有其所要完成的工作和达到的目的，高校所开展的作业也是如此，为便于核算高校应成立作业中心。所谓作业中心，是指将相互联系或有某种联系的作业有机结合起来，以实现集中管理并简化成本核算过程。不过，作业中心的数量并非越多越好，作业中心数量过多容易增加管理成本负担并会造成信息过多，增加成本核算工作量。因此，高校可根据部门属性成立作业中心，既实现不同作业分类核算，又促进成本核算工作高效进行。

6. 明确作业动因

在成立作业中心后，高校要确定不同作业的内在推动因素，据此确定成本。此处要特别注意：①作业中心中每项作业的内在推动因素有一定共性，而且这些共性又使成本发生过程存在着某种相似性；②作业的内在推动因素是有代表性的，能在某种程度上体现产品与资源的消耗关系；③作业内在推动因素一般是能够量化的，即能够用数字来表达，有较高的可比性。高校应基于上述情况确定作业中心中各项作业的内在推动因素。

7. 计算成本动因比率

根据高校业务活动的实际情况，在成本核算时，一定要考虑到作业内在的推动因素给成本带来的影响，所以有必要对成本动因比率进行计算。

（1）计算资源动因率。资源动因率反映成本消耗对象在实际作业中所耗费的资源数量，从中可以看出是哪些资源驱动着产品生产并由此产生相应的成本。在成本核算时，高校应以作业中心所消耗的实际资源为基础对资源动因率进行计算。由于资源投入与消耗存在很大的关联性与特殊性，在计算时还需要考虑该项资源消耗是否产生了其他产品或者收益。如果产生了，要计算其具体的收益率是多少，这对于成本核算的真实性也有着不可忽视的影响，应引起高校的充分注意。

（2）计算作业动因率。作业动因率反映成本怎样在不同对象之间进行具体分配，即成本到底由哪些对象按什么方式和比例进行分解，各成本对象通过所分得的成本获得了什么利益。不同成本对象之间的作业动因率通常差异较大，高校在成本核算中应注意以下几点。①强度动因。尽管高校所开展的工作以教学和科研业务为主，但是高校中还存在着一些特殊性的工作，并且这些工作具有某种边缘性和隐蔽性，有时很难被人们察觉。为促进该部分作业成本核算效率的提高，高校要根据强度动因来准确区别作业，以确保核算出的作业成本真实可信。②数量动因。部分作业并非仅执行一次即告终止，高校的运营过程中同一项作业有可能重复发生。鉴于此，高校有必要考察此类作业的数量动因，同时结合操作出现频率对该作业的周期性进行计算。③执行动因。高校在经营过程中会面临某些突发状况，对这些突发状况所做的操作是无章可循的，高校一般只能通过执行作业的目标来分析动因并核算成本。所以，高校核算成本时也要注意分析此类动因，以确保成本核算的全面性。在注意以上三点的基础上，高校便可把相应成本作为成本对象进行核算。至于那些没有直接在主要作业中发挥作用的成本，则需要对其所在作业中心的其他作业进行分析，将其计入相应的成本核算范围，保证成本核算的科学性与准确性。

8. 核算最终成本

在完成上述七项工作后，高校成本核算可通过上述数据计算来完成总体的成本核算，从而对高校在实际经营中产生的成本进行分配。

（二）高校成本控制流程优化

在责任成本管理要求下，高校开展成本控制工作可根据自身内部机构设置及成本管理实际需要，在校内各学院或部门分设相应的责任成本中心，并将其作为进行成本管理与控制的对象。由于责任成本管理属于系统工程，要求高校全员参与和各个部门通力合作，高校可通过实施责任成本管理来实现成本控制流程优化，具体流程如图 4–7 所示。

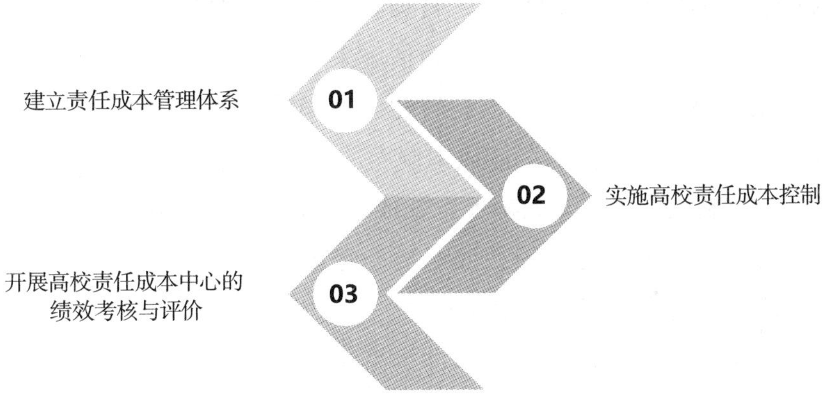

图 4–7　高校应用责任成本管理方法开展成本控制的流程

1. 建立责任成本管理体系

为了使全校成员树立成本意识并履行成本控制责任，高校首先要成立一个由校长领导，以财务部门为主、其他职能部门为辅，权、责、利相统一的目标责任成本管理体系，这是高校进行责任成本控制的基础。

高校建立责任成本管理体系时必须合理划分成本责任中心并建立责任成本制度。一方面，划分责任中心旨在充分调动各方面积极因素，使各责任人在自己责权范围内尽职尽责，再根据成本控制效果给予其相应的奖励和惩罚，以便提高高校的整体效益。高校要按照责任成本管理的要求，对成本责任中心进行合理划分，并对其应享有的权利与应负的责任做出明确规定。另一方面，责任成本管理体系的建立离不开制度的保障，高校要制定相关的责任成本制度，为成本责任中心划分和后续的责任成本控制实施、责任成本中心的绩效考核与评价等环节提供制度保证。

2.实施高校责任成本控制

责任成本控制是责任成本管理的中心内容，即责任成本中心运用成本核算数据资料来约束和规范成本计划实施过程中的各项经济活动。高校以责任成本计划为依据实施责任成本控制，对出现的偏差进行及时修正，确保责任成本目标得以实现。成本控制的重点在于管理成本发生过程中的人，也就是说成本控制关键在于管理成本控制者，即通过成本控制者来完成其成本控制职责并严格实施高校成本计划。因此，从本质上说，高校实施责任成本控制就是为达到总体成本控制的目标，督促各学院、各部门、各单位的全体人员以明确责任成本为前提，采取一系列措施来强化各级领导者的成本意识、提高成本控制效果，把责任成本控制转化为各学院、各部门、各单位全体人员的自觉行动。高校还要发挥责任成本制度的作用，实现制度严明、目标明确、规范具体、控制点明确，从而确保责任成本控制的顺利进行。

高校实施责任成本控制需按照必要的程序和采用恰当的办法。通常情况下，责任成本控制应按照下列程序开展。

（1）设定目标责任成本控制标准。高校实施责任成本控制的第一步就是设定目标责任成本控制标准。依据高校成本总预算及各责任成本中心的实际状况，运用一定的方法，如历史成本法、计划法、定额法等，来确定各责任成本中心应实现的目标成本。目标责任成本控制过程应具有建设性和创新性，而非惩罚性，旨在通过管理与控制督促全体员工完成高校成本管理目标与任务。所以，目标责任成本控制标准的设定要兼具挑战性和可行性，过高或过低都无法达到最好的效果。如果标准过高则会打击员工积极性，如果标准过低则无法起到激励作用。此外，目标责任成本标准应具体且可衡量，以便后续对责任成本控制效果进行考核与评价，若无法衡量成本差异则无法定义执行结果，会给成本控制过程带来阻碍。

（2）构建责任成本核算体系。高校实施责任成本控制的第二步就是构建责任成本核算体系。构建责任成本核算体系是将责任成本中心作为成本费用的归集与分配对象，开展高校成本核算并及时反映每个责任成本中心实际发生的成本，以使责任成本中心管理人员能够及时掌握成本控制的执行状况。

（3）开展成本差异分析。高校实施责任成本控制的第三步就是开展成本差异分析，对实际成本控制过程中出现的偏差及时予以调整。高校每个责任中心都要定期对实际成本和预先确定的目标成本进行对比，查找成本差异、分析差异产生原因，以此为依据提出具有针对性的成本控制对策，对成本控制过程中存在的偏差及时进行调整，从而确保责任成本目标最终的实现。

3. 开展高校责任成本中心的绩效考核与评价

绩效考核与评价就是对被考核者的工作行为及工作结果进行全面、系统、科学的调查、分析、评价和报告的过程。其实质是检验组织成员为组织所做的贡献，或者评估组织成员的价值。绩效考核与评价是考核者和被考核者为了提升被考核者的能力和业绩、实现组织战略目标而进行的管理沟通活动。

责任成本中心绩效考核难度不大，以预先制订的责任成本计划为基础，通过提交责任报告，对比责任成本中心的实际成本与计划成本之间的差异。责任成本中心绩效考核的主要内容有两部分：第一部分是将高校运营过程中的实际成本发生额与标准成本数进行对比，分析并披露偏离成本标准的差异及其原因；第二部分是对每个成本项目的实际发生数和标准成本数进行比较分析，以揭示每个项目的成本差异并分析产生差异的原因、确定责任归属、考核绩效，提出今后成本控制工作的完善措施和降低成本的办法。

责任成本中心绩效评价存在一定难度，这是因为高校教育效益和绩效不像企业经济效益和绩效一样易于衡量。企业投入与产出指标均为经济指标，二者具有可比性，且易于量化，因而盈亏结果很容易评价。高校投入指标为经济指标，但产出指标仅有少数为经济指标，其余大部分产出指标很难量化，多数为教育指标如教育劳务、研究成果数量和质量等，难以用货币形式衡量，自然也就无法计算投入指标和产出指标之间的比例。另外，不同指标之间可比性不高，使得高校责任成本中心绩效评价存在一定难度。鉴于此，对高校各责任中心开展成本控制工作绩效评价应遵循模糊评价、相对比较、逐步合理化等原则，建立一套合理实用的指标体系作为落实责任成本控制与评价的基础。高校在设计责任评价指标体系时，要考虑到自身责任成本核算模式及责任成本中心性质。高校责任成本绩效评价指标体系要具备公开性、反馈性、实用性以及周期化、制度化等特征。公开性是指评价标准要明确、评价过程要公开；反馈性是指要对评价结果进行及时的反馈，合理的部分要坚持下去，不合理的部分要及时纠正；实用性是指评价方案需要的时间、人力、物力、财力应与环境要求相一致，实际运作步骤应切合实际，可操作性强。同时，绩效考评也要周期化、制度化，即每年和每学期都要定期开展一次，制定明确的操作步骤，并将其落实为制度。

（三）高校成本分析与报告流程优化

高校应定期进行成本分析并形成成本报告，这是成本管理的最后一个环节。主要分为两个步骤：一是开展成本分析，二是以分析结果为依据生成成本报告。

1.高校成本分析

高校成本分析的内容主要包括三个方面。

（1）成本构成分析。高校对构成成本的人员费用、公共费用、折旧等成本要素进行分析，找出影响成本的关键点。

（2）趋势分析。高校通过对若干连续期间的成本数据进行指标的比较分析，找出成本变化的过程及趋势。

（3）比率分析。高校通过对若干相关成本指标进行比较分析，找出指标间相对数值差异及其影响。

2.高校成本报告

在完成成本分析的基础上，高校需要生成年度成本报告。成本报告由成本费用总表、教育成本构成表、科研成本构成表、管理费用构成表等报表以及成本管理情况说明书等组成。高校成本管理情况说明书主要阐述高校成本管理的目标、成本管理制度的构建情况、成本控制措施的执行情况等内容。

第五章　管理会计在高校内部控制与风险管理中的应用

加强内部控制、完善风险管理是依法从严治校对高校提出的内在要求。内部控制与风险管理息息相关，内部控制是在经济活动中建立起来的一种相互制衡的业务组织与职责分工制度，以岗位职责管理为基础，辅以流程化管理，通过实施风险评估、流程监控、有效性评价和缺陷改进等管控活动来进一步提高管理标准。加强内部控制、完善风险管理有利于提升高校运行管理效能，切实保障高校财务安全，实现高校的可持续发展。

第一节　高校内部控制与风险管理的基本内容

一、高校内部控制的基本内容

（一）高校内部控制的内涵

高校内部控制是指高校为实现办学目标，通过制定制度、执行程序或采用措施来防范和管控经济活动风险，以确保内部各项经济活动合法合规、资产安全并得到有效利用，保证财务信息真实完整，防范舞弊和腐败的发生，提高资源配置与利用效率的活动。高校内部控制建设应紧密围绕自身的办学目标与事业发展规划进行；坚持为学校的人才培养与科学研究服务，把建立健全内部控制当作高校完善治理体系、提升治理能力的一项重要内容，将其纳入高校长远规划并常抓不懈，通过规范管理、有效控制、追责问效、防范风险等措施，为学校可持续发展提供支撑。

（二）高校内部控制的原则

高校内部控制应遵循四项原则，如图 5–1 所示。

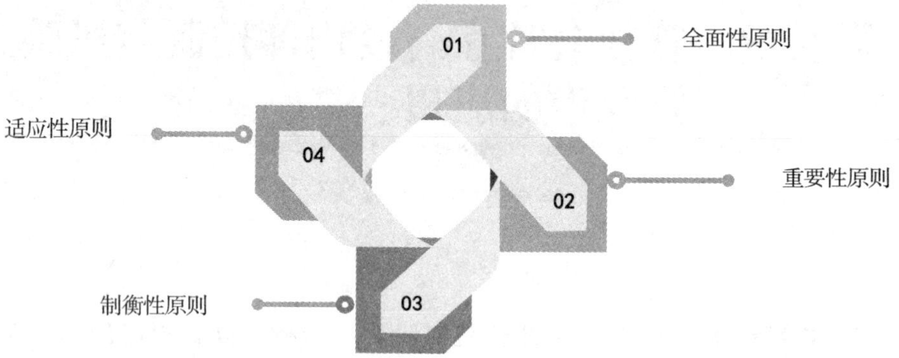

图 5–1　高校内部控制的原则

1. 全面性原则

高校内部控制的全面性原则有两方面含义：一是全过程控制，指高校经营管理活动的全过程；二是全员控制，指对高校所有成员的管控。高校应调动一切可以调动的力量，使内部控制贯穿高校经济活动的决策、实施与监督的整个过程并涉及高校内部的每个人员，以达到对经济活动进行全面控制的目的，确保高校经营管理活动的有序开展。

2. 重要性原则

高校内部控制的重要性原则指高校内部控制应当在兼顾全面性原则的基础上，关注重要业务事项和高风险领域，采取更为严格的控制措施，确保管理上不存在重大缺陷。全面性原则是重要性原则的基础，全面性原则侧重的是设计环节，重要性原则侧重的是运行环节。高校内部控制建设遵循重要性原则应以全面控制为前提，注意重要经济活动及其可能带来的主要风险。重要性原则在内部控制中的运用需要一定的专业判断，高校应当根据所处的发展阶段和办学理念，考虑是否及如何实行重点控制。

3. 制衡性原则

高校内部控制的制衡性原则指高校内部控制应当在治理结构、机构设置及权责分配、业务流程等方面形成相互制约、相互监督的机制，同时兼顾运营效率。制衡性原则要求高校经过互不隶属的两个或两个以上的岗位和环节完成某项工作，还要求履行内部控制监督职责的机构或人员具有良好的独立性。

4.适应性原则

高校内部控制的适应性原则指高校内部控制应当与高校经营规模、业务范围、竞争状况和风险水平等相适应，并随着情况的变化加以调整。适应性原则要求高校建立与实施内部控制时具有前瞻性，适时地对内部控制系统进行评估，发现可能存在的问题，并及时采取措施补救。高校内部控制建设遵循适应性原则应与国家相关法律法规相适应，与自身的实际状况相协调，根据外部环境的变化、经济活动的特点以及管理要求的提高，不断进行内部控制的修改与完善。

（三）高校内部控制的主体

一个完善的高校内部控制主体体系应该包含三个部分：决策主体、执行主体和监督主体。

1.决策主体

高校内部控制的决策主体包括高校党委、校长以及其他领导班子成员，他们是高校内部控制的框架决策者、制度发起者。在高校内部控制建设中，高校党委应该起到领导作用；校长作为高校内部控制建设的主要责任人，应对高校内部控制的建立、完善与有效执行负责；其他领导班子成员应当做好所负责单位的内部控制建设的相关决策。高校内部控制决策主体应基于高校这一特殊组织结构，并结合教学、科研等功能，在业务循环视角下设计可行的高校内部控制制度来对风险进行防控。各高校一般会设立以校长为组长的内部控制建设领导小组来领导内部控制建设。领导小组主要负责规划和编制高校内部控制建设基本思路、建设重点、建设计划，组织各院系的内部控制建设工作，建立和完善高校内部控制建设的组织体系，促进高校内部控制建设常态化。

2.执行主体

高校内部控制的执行主体包括各院系、各部门以及全体教职员工，所有制度的“生命”都在于实施，如果脱离实施，再好的制度都形同虚设。因此，高校内部控制制度的各执行主体要严格按内部控制要求履行自己的责任，以保证内部控制的有效运作。高校一般会设立内部控制建设专项职能部门，或确定内部控制建设牵头部门，来统筹协调校内整体的内部控制建设工作。该部门的主要职能是对校内各项经济活动、业务流程进行梳理，厘清业务环节；对经济活动中存在的风险进行系统分析，识别风险点并选择合适的风险应对策略；按照国家有关规定，建立和完善学校的各项内部管理制度，促使有关工作人员认真贯彻落实。

3.监督主体

高校内部控制的监督主体包括内部监督主体与外部监督主体。一方面，内部审计部门是高校内部控制的主要内部监督主体，高校内部审计部门定期评估内部控制制度是否完整和有效，并持续改善控制环境，是高校内部控制有效执行的促进者，确保高校内部控制体系紧紧贴合高校的发展目标。另一方面，高校内部控制的外部监督主体以教育主管部门、财政部门及政府审计机关为主，还包括纪检监察机关。各外部监督主体形成了严密的外部监督网络，共同对高校进行常态化、专业化的监督。

（四）高校内部控制的任务

1.完善并落实内部控制体系

高校根据内部控制要求，由内部控制建设领导小组牵头，通过对各类业务进行综合梳理、明确业务环节、分析风险隐患、健全风险评估机制、制定风险应对策略，以及不相容岗位之间的分离、内部授权审批控制、归口管理、预算控制、财产保护控制、会计控制、单据控制、信息内部公开等内部控制手段，加强高校的整体内部控制，全面落实内部控制体系。

2.建立内部控制决策机制

高校应遵循相互分离且相互制约的原则，实现内部控制的决策、执行、监督的权力分立，构建重大事项议事决策机制。按照不相容岗位之间互相分离、互相制约、互相监督的方针，科学地设置内部控制职能部门和具体岗位，并对每个岗位的职责权限、权力运行流程做出明确规定，真正实现分级授权、分岗设权、分事行权。对于重点领域关键岗位，高校要在完善岗位设置和确定任岗条件的基础上选择合适的人选，建立干部交流制度和定期轮岗制度，对不符合轮岗要求的，应采取专项审计或其他内部控制措施。

3.建立内部控制自我评价制度

高校要建立健全内部控制自我评价制度，采取日常监督、专项检查等方式，对内部控制执行中出现的主要问题进行排查，弥补漏洞，强化薄弱环节，通过自我评价的方式对内部控制的全面性、重要性、制衡性、适应性、有效性等方面进行评价，从而进一步健全与完善内部控制。高校应把内部控制自我评价结果纳入领导干部经济责任审计内容和考核体系，把评价结果和个人考核联系起来，并建立追责问责制度，以推动内部控制规范的有效实施。

4.推动内部控制信息公开

高校内部控制的任务还包括积极推动内部控制信息公开，逐步建立与完善内部控制自我评价报告的公开制度，定期向校内外公开内部控制的有关情况，使信息公开在内部控制建设中起到推动与监督的作用。

二、高校风险管理的基本内容

（一）高校财务风险的含义

所谓财务风险，是指在经济活动中存在的可能影响财务安全、财务收支，造成财务损失的不确定性因素。高校财务风险是指在高校运营过程中存在的可能造成财务误差，给高校经济效益带来一定损失的难以控制和预料的因素。不管是企业这种营利性质的单位还是高校这种非营利性质的教育事业单位，在发展的过程中都会存在一定的财务风险，企业与高校二者的风险既有共性，也存在本质的差异。企业的资金运动是完全以营利为目的的，而高校的资金运动则是围绕高校教育事业和科学研究展开，因此，相对于企业的财务风险，高校的财务风险具有一定的特殊性。

（二）高校财务风险的类型

高校的财务风险贯穿办学活动的全过程，主要包括资金投入风险、债务偿还风险、资金管理风险等。

1.资金投入风险

随着高校规模的扩张，各高校需要在用地、校舍、宿舍、人才培养与引进等方面进行资金投入。此外，高校除开展正常的教学工作之外，还需进行对外投资，包括经营性投资和债券投资，如部分高校出资兴办企业、参股经营企业等。在实际工作中，如果高校没有预估好自身的资金负荷能力，在资金投入时超出了自身的承受能力，或者没有提前对投资项目和人才引进进行科学的可行性分析，或者在投后管理方面存在责任不明确、管理不到位等问题，就可能造成资金投入的随意性增加，严重的会造成资金浪费、资产流失、投资收益不佳等问题，甚至可能会产生巨额的资金亏损。这就是高校的资金投入风险。

2.债务偿还风险

由于高校本身不具有营利性，资金的获取主要依靠外部的支持和自身的筹措，财政补助收入、事业收入仅能满足教学、科研方面的基本支出。虽然我国政府不断加大对高校的扶持力度，但高校在资金需求方面的增长幅度远远高于财政扶持的增长速度。近年来，虽然也有许多高校不断拓宽自筹资金的渠道，寻求社会捐助，但相对于高校资金需求总量来说依然是杯水车薪。面对高校大规模资金投入的需求，许多高校选择通过银行贷款来缓解压力。银行贷款作为对于未来收入的提前预支，只是推迟了高校的资金压力。由于高校未来收入能力具有不确定性，面对未来支出的压力，高校不得不承担债务偿还风险。

3.资金管理风险

随着我国高等教育事业的不断发展，高校资金需求出现了扩大化和多样化的趋势。财政拨款已不再是高校唯一的资金来源，高校的资金来源范围更加广泛，分为财政拨款资金、上级补助资金、经营收入、其他拨款资金、银行贷款资金、科研课题资金等。高校资金的来源越来越多样化，资金的使用与监管内容也越来越广泛。如果高校内部控制制度不健全，监督牵制作用未得到充分发挥，就容易导致信息失真或高校资金的违规操作，使高校资金使用出现安全风险。另外，当前阶段大多数高校都处于高速发展阶段，资金使用量庞大，往往需要财务赤字运行，这在一定程度上也加剧了资金管理风险。

（三）高校风险管理的任务

1.严格控制对外投资

对外投资是高校以货币资金、实物、无形资产等方式合法地对其他机构进行投资的行为。高校要严格控制对外投资，使用国有资产进行对外投资时要在符合国家相关规定的前提下，经过可行性研究、集体决策后按规定权限、程序开展投资活动，并促进自身事业的发展，使国有资产保值增值。高校不得利用财政拨款及其余额进行对外投资，且不得参与股票、期货、基金、企业债券的投资。

2. 严格监管对公账户使用

无论公立高校还是民办高校，都必须使用对公账户开展所有的资金活动。特别是民办高校，其收取费用和开展活动的资金往来应当使用在有关主管部门备案的账户。有关主管部门对这些账户进行监管，民办高校所有收入均应计入此账户，并于每年财务结算后才可分配办学结余。

3. 建立财务风险预警机制

高校应当建立健全财务风险预警机制，规范和加强借款管理，如实反映依法举借债务情况，严格履行审批程序，不可违规筹措资金或担保资金。高校借款的具体审批办法由主管部门和同级财政部门共同制定。

4. 建立健全财务信息公开制度

高校应当建立健全内部控制制度，实施财务信息披露制度，依法公开财务信息，按照规定编制内部控制报告。可通过公开栏、公告栏、职工代表大会、校内网站、公众号、视频号等途径，将本校财务信息以内部资料、校报校刊、简报、广播等形式公开发布。公开发布的内容主要包括本校的财务规章制度、收费依据、收费种类、收费明细、收入预算表、支出预算表、财政拨款支出预算表、财政拨款支出决算表等。

三、高校内部控制与风险管理

（一）高校内部控制与风险管理的逻辑关系

内部控制和风险管理的关系非常密切。内部控制本质上就是风险控制，二者相互之间有着无法割裂的内在联系。

1. 内部控制与风险管理的异同

（1）内部控制与风险管理在目标、要素、主体方面存在相同点。

①内部控制与风险管理目标一致。无论是内部控制还是风险管理，其目标均包含组织的经营目标、合规目标、报告目标等，二者都是为组织良好运行服务。

②内部控制与风险管理要素重合。内部控制和风险管理的构成要素都包括环境、评价、控制、信息沟通、监督这五项，在开展相关活动时都要综合考虑这些要素。

③内部控制与风险管理主体相同。内部控制和风险管理均需要全员参与，其最终责任人均为组织的管理者，因此，二者的实施主体是相同的。

（2）内部控制与风险管理在对象、实施要求方面存在差异。

①内部控制与风险管理的对象不同。风险管理是事前的、以未来为基础的管理，其对象存在不确定性；内部控制则检查现在与过去的活动，如检查组织制度设计的完善程度、是否落实了制度设计等，这都属于对以往事项进行管控与检查，对象明确。

②内部控制与风险管理的实施要求不同。内部控制具有强制性，如国家要求高校必须开展内部控制；风险管理则不具有强制性。

2. 内部控制与风险管理的内在联系

正是由于以上异同之处的存在，内部控制与风险管理存在相互融合之处。组织风险包括内部风险与外部风险两个方面，内部风险贯穿组织经营活动的每一个环节。内部控制实际上是一个管理规范，它设置了过程控制体系并对关键控制点进行阐述，以过程控制的方式提前化解或减少组织风险。内部控制在实施过程中给风险信息采集工作带来了很大的便利。因此，风险管理在内部控制中占据主导地位，而内部控制是风险管理的重要手段。在不同的组织或同一组织的不同管理阶段，组织内部人员对风险管理和内部控制的归属关系有不同的认知解读，具体要结合组织的实际情况进行判断与分析。

3. 高校内部控制与风险管理的关系类型

对于高校来说，内部控制与风险管理既有共同点，又有不同点，两者是相辅相成、互相促进的关系，既有协调统一的一面，又有各自独立的一面。

高校风险管理与内部控制的关系大致可划分为三类。

（1）强风险管理形式论，又称弱内控形式论，主要是指内部控制是风险管理的组成部分，高校内部控制是风险管理的手段之一。

（2）强内控形式论，又称弱风险管理形式论，主要是指风险管理是内部控制的组成部分，高校内部控制主要是对风险进行识别、评价和应对。

（3）风险管理与内部控制的同一论，是指二者可以融合在一起，构成一个具有共同管理主体、流程与目标的有机整体。因此，高校把自身内部控制制度层面与风险管理层面有机地结合起来，能够有效合理地规范风险，实现健康长久的运营。

（二）高校内部控制与风险管理相结合

对于企业而言，风险管理与内部控制之间存在着密切的联系，通常情况下，在强化自身风险管理时，企业需要推进内部控制建设。换言之，为了开展行之有效的内部控制建设，企业必须持续降低其财务管理风险。一个相对清晰而又行之有效的内部控制体系，能够很好地预防企业财务管理活动中存在的重大风险，这是因为内部控制具有预防重大风险发生的正面功能。高校内部控制和风险管理也需要遵循这一逻辑，通过将内部控制与风险管理相结合的方式开展相关工作。

对于高校管理来说，将内部控制与风险管理相结合是非常重要的。首先，高校要想建设好风险管理的相关制度，就要使全体人员树立风险意识，而内部控制的开展能够将这一意识传达给每一名教职员工，协助高校开展风险管理。其次，高校人员数量庞大、业务种类繁多，本身属于风险类型多样且风险程度较高的组织，每个环节均存在许多风险，在风险管理意识的引导下，高校可以有效调动全体成员参与风险管理的积极性，一起推动高校内部控制制度的高效运行。最后，内部控制与风险管理相关制度都是高校自身管理制度的重要组成部分。在制度层面将内部控制与风险管理有机结合起来，能够有效地促进高校教学质量和社会声誉的提高。

第二节　基于管理会计的高校内部控制制度优化

一、管理会计与内部控制的关系

（一）管理会计与内部控制目标相一致

管理会计是会计中以提高组织经济效益为目的，由会计人员采用一系列专门方法将财务会计所提供的数据资料信息进行处理和上报，使管理人员可以依据这些数据来计划和控制日常经济业务，并做出相应的决策的一门学科。内部控制是组织为达到经营目标、维护资产安全与完整、保证会计信息资料正确与可靠、保证经营方针得以贯彻和落实，对经营活动进行内部调整、约束、规划、评价、控制的一系列手段、程序、措施的统称，可以有效防范和控制风险。通过对二者内涵的对比，我们可以发现其目标都是促进组织主体创造价值、提高效益。

高校是一个利益相关者多元化的资本共同体，其利益相关者包括货币资本拥有者（出资人、债权者）、人力资本拥有者（管理者、教师）、社会资本拥有者（社会、公众、校友、媒体等）、生态资本拥有者（环境、资源等）。这些利益相关者都与高校的发展息息相关，其目标都是促进高校创造价值，因而高校管理会计与内部控制活动也应为这一目标服务。

（二）管理会计与内部控制的本质与内容共通

从本质来说，尽管管理会计与内部控制所采用的方法并不相同，但是二者都是一种对内服务。

从内容来说，管理会计按职能可以划分为预测决策会计、计划控制会计、责任会计等内容，内部控制五要素包括内部环境、风险评估、控制活动、信息与沟通、内部监督。管理会计中的计划控制会计与内部控制中的各项控制活动存在相通之处，责任会计在本质上属于实施分权管理的内部控制管理类型，其主要内容就是各个责任中心之间权、责、利的统一。由此可见，管理会计和内部控制这两者在内容上是共通的。

（三）管理会计与内部控制相互支持

管理会计与内部控制作为两种经营管理方式是相互支持的。以高校为主体，管理会计通过高效的财务数据计算方式与思路，可以为高校内部控制提供高效精准的数据支持，从而切实有效地降低高校财务风险，避免高校经济损失，给高校管理者和决策者提供更加有效的决策依据，为高校长期发展打下坚实基础。高校内部控制工作的开展又保证了管理会计能够获得有效数据，通过健全的内部控制环境使获得的财务数据更准确。由此可见，管理会计和内部控制互为依托、彼此支持，可以共同促进高校财务的长远发展。

二、基于管理会计的高校内部控制制度优化策略

基于管理会计理念与工具方法，高校内部控制制度优化可以从以下三个方面入手（见图 5–2）。

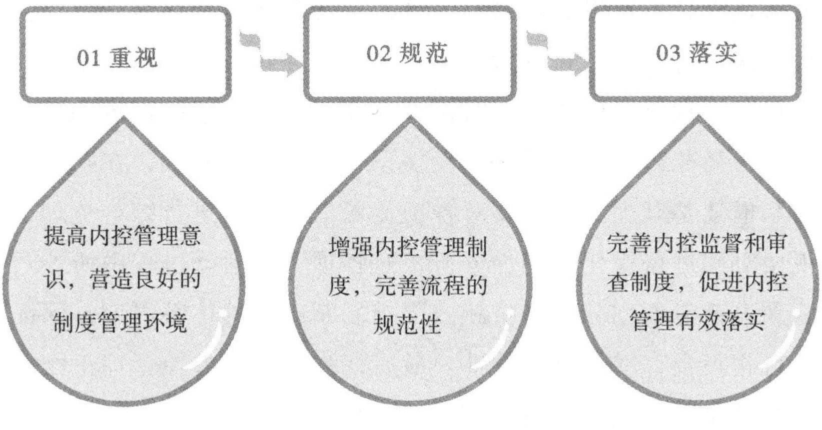

图 5-2　基于管理会计的高校内部控制制度优化策略

（一）提高内控管理意识，营造良好的制度管理环境

高校领导者在内控管理中的态度与认知会直接影响到内部控制工作的开展环境，因此，高校各级领导干部应该充分认识到内部控制工作的重要性，注重单位内控建设工作，以身作则，增强自身内控意识，创造内控管理的良好环境。

内部控制的实施以财务内部控制为核心。高校领导者可以结合管理会计理念，了解内部控制的管理手段和优化策略，全方位提升全员参与内部控制的意识。具体而言，高校内部控制是需要人人参与其中的管理活动，内部控制制度体系并不是孤立地存在于某个部门，而是直接关系到各个部门，从上至下涉及每位领导及教职员工。因此，高校领导者需要加强内部的交流与沟通，通过持续学习与训练增强内控管理意识、掌握内控管理方法、落实员工内控责任，营造良好的内控管理氛围。唯有如此才能够切实调动各个部门、全体人员参与内部控制制度建设，促进内部控制制度的优化。在此基础上，高校可以提高学生代表和职工代表在高校管理体制中所占的比例，这有助于实现全员参与监督和管理，有助于多元化内控管理的力量，有效抑制各类违法违规行为的发生，营造良好的内控管理环境。

（二）增强内控管理制度，完善流程的规范性

管理制度是一切管理工作得以顺利进行的重要保证。各高校要对内部控制管理工作中急需解决的问题进行全面剖析，然后以原有内部控制管理制度为基础构建全新多维的内部控制制度管理体系，注重完善流程的规范性。从

实践角度来说，高校首先要针对原内部控制管理制度内容展开综合分析，剔除实效性不高或者形式僵化的管理规定，与内控管理新需求相结合，及时补充新内部控制管理制度的内容；对修改完善后的内容进行汇集和整理，以文件的形式作为高校内部控制管理制度体系框架内容。其次，在新内部控制制度管理体系框架基础上，高校要对各项业务活动过程进行综合梳理，从内控管理的视角对其进行优化可能性分析，对各项业务活动过程中所涉及的权力和职责范围进行清晰划分，丰富新内部控制制度管理体系内容，保证其与高校实际运行相契合，增强其实效性。最后，为了保证内控管理工作在新内部控制制度管理体系的支撑下能顺利推进高校内部业务运转，高校要以以上工作为前提，以业务流程内容为依据微调内控管理机制，使内控管理制度能够全方位涵盖高校内部的所有业务。

（三）完善内控监督和审查制度，促进内控管理有效落实

高校可通过完善内控监督和审查制度规范内部审计机构活动，发挥内部审计机构的审计与监督功能，促进内控管理有效落实。内部审计机构应由高校负责人担任直接负责人，内部审计机构不应附属或者平行于其他部门，而应具有一定的独立性，并且直接负责人不再担任财务工作。因此，内审人员应具备优秀的专业素养，能够做到权责明确，公正地监督指导内控工作。对内审机构查出的问题，高校应加以分析、整改，提出相应建议，保证内审结果客观公正。另外，高校还要健全外部内控监督和审查制度，通过聘请外部专业审计机构、积极配合纪检、监察部门的审查和监督等渠道与维度对高校内部控制工作实施监督、考核，将内部监督和外部监督相结合，全面完善高校内部控制制度，推动高校长远健康发展。

三、基于管理会计的高校内部控制制度体系

（一）管理会计与高校内部控制的融合

管理会计首先在企业财务管理领域中得到应用，但企业与高校实际状况存在显著差异，适合企业使用的管理会计并不一定符合高校实际，所以管理会计没有第一时间在高校得到应用与推广。管理会计发展依托企业财务管理，要想更好地将管理会计渗透到高校内部控制体系之中并加以运用，高校就必

须从内部控制制度体系入手，根据自身实际，以财务内部控制制度为核心，用准确、明晰的制度为各个部门各项工作的开展提供依据，鼓励各个部门共同参与到内部控制管理中来，并对高校财务信息真实性与可靠性负责，从而确保高校所创造的社会利益得到最大限度的实现。

1.将管理会计融入高校内部控制目标

高校要从发展战略出发，将高校管理会计体系和内部控制目标紧密结合起来，明确内部控制的业绩评价、预算编制、管理会计报告等重点工作内容，厘清高校管理会计体系中各工作部门责权，统一各工作部门工作目标和责权，通过一定的鼓励机制合理设置任务指标等，协调各部门和负责人的内部控制工作，激发员工工作热情。

2.将内部控制目标细化为管理会计报告

在高校管理会计体系中，会计报告作为对高校经济活动客观、翔实的反映，是高校管理会计中不容忽视的一个重要工作环节。要想有效地保证高校管理会计质量并提高内部控制质量，就要在高校管理会计报表中有效地对内部控制目标进行详细阐述，以便高校更好地对财务风险进行管控。另外，高校管理会计报表要弥补财务会计报告的不足，充分收集资料，对其进行科学的分析；完善会计报表编制过程，为管理层提供数据信息，对业务活动、经济效益和财务风险等情况进行有效披露，确保内部控制工作的科学、有序开展。

（二）高校内部控制制度体系具体内容

高校内部控制制度体系具体包括七个方面，如图 5-3 所示。

图 5-3 高校内部控制制度体系具体内容

1.不相容职务分离制度

高校内部控制需要根据不相容职务分离原则设置相应的岗位，特别是对会计和有关工作岗位进行合理设置，明确责任和权限，形成相互制约机制。不相容岗位必须分工负责，由两个或两个以上人员共同承担责任。高校内部应当分离的不相容岗位包括：第一，对某一经济业务进行授权核准的岗位与该经济业务履行岗位应当分离，如有权确定或者核准设备采购的人员不得兼任采购员岗位；第二，对一项经济业务进行执行的人员与对该项经济业务进行审查、稽核的人员要分离，如填开收据者不得同时担任收据审核人；第三，完成某一项经济业务所从事的工作与记录该项经济业务所从事的工作应该分开，如收款人不能兼任会计记账工作；第四，保管某些财产物资的职务与核对该项财产物资的职务要分离，如仓库保管员不能兼任物资审查员；第五，保管部分财产物资的岗位与记录该财产物资的岗位应该分开，如出入库登记人员与库存保管人员不应该是同一人；第六，记录明细账和记录总账的职务要分离、登记日记账和登记总账的职务要分离。

2. 授权批准控制制度

授权批准控制制度要求高校对与会计及其相关工作的授权批准范围、权限、流程、职责等内容进行明确的规定，高校内部各级管理层都要在授权范围内行使职权并负总责，经办人员也都只能在授权范围内进行业务操作。部分重大经济舞弊案件大多是由授权不当所致，因此，高校应根据管理和控制的需要进行授权并建立授权批准控制制度。第一，授权审批范围应覆盖高校一切经济活动；第二，授权批准层次应视经济活动重要程度及数额大小而定，以确保每个管理层都既有权力也有责任；第三，各级管理人员的授权批准职责要明确，要求审批人按照“谁主管、谁审批、谁负责”原则切实履行职责，让各级管理人员为其业务处理行为承担责任，从而增强各级管理人员的工作责任心并鼓励他们维护国家与学校的利益；第四，应规定好每一类经济业务审批授权程序，明确高校审批责任人及各院、处、系、部、所、室、中心部门的审批手续，以免出现越级批准和违反规定批准的情况；第五，制定必要的检查制度以确保经济事项授权后办理的进度和质量。

3. 会计系统控制制度

高校会计系统控制需要高校根据《中华人民共和国会计法》和国家统一会计制度制定与自身相适应的会计制度，并对会计凭证、会计账簿、会计报告等处理流程进行明确规定，建立健全会计档案保管、会计工作交接等制度，落实会计人员岗位责任制，发挥会计监督职能。高校会计系统控制制度的具体内容包括会计凭证的控制、会计账簿的控制、财务报告的控制。

4. 财产保全控制制度

财产保全控制指对流动资产、固定资产以及其他资产的购置、验收、入库、领用、计量、修理、盘点等工作的责任、权限、流程、手续进行控制。财产保全控制需要高校禁止未经许可的人直接与财产发生联系，通过定期盘点、财产记录、账实核对和财产保险等手段来保障各类财产的安全和完整。财产保全控制制度的具体内容包括：第一，制定限制接近制度，未经许可的人不得任意接近实物资产；第二，建立财产记录和监控制度，对资产增减情况进行及时、完整的记录，强化资产所有权证管理，做好资产个体档案的建立工作，将资产价值均纳入财务报表体系，确保账实相符；第三，建立资产记录资料保护制度，妥善保存资产各类文件和记录资料，以免发生资产记录遗失、损毁和篡改等情况，对重要资料进行备份；第四，制定定期与不定期财产清点制度，开展定期或不定期实物资产清查工作，确保实物资产账实相符；第五，建立财产保险制度，为财产物资或者风险重大项目承保自然灾害险、盗窃险和责任险，以减少或者补偿部分财产物资损失。

5. 财务风险控制制度

高校处于市场经济大环境中，这在客观上为高校提供了巨大的发展空间，给高校带来了空前的发展机会，但也必然会使高校面临各种各样的风险。高校要以风险控制点为导向，构建行之有效的风险控制系统，从风险预警、风险识别、风险评估、风险分析、风险报告入手，全方位预防与规避风险。一般情况下，高校面临的主要风险就是财务风险，因此，要建立健全财务风险控制制度，对资金投入、债务偿还、资金管理等各项财务风险较高的业务进行严格的程序控制。

6. 内部审计控制制度

对高校内部控制制度的监督可通过学校内部审计部门执行。审计部门要对校内经济活动进行经常、客观、公正的审查。内部审计不仅是对内部控制制度质量与效果进行监督、检查与评价的工具，还是确保会计资料真实、可信、完整、可靠的重要环节，是管理会计的基础。另外，内部审计可以对内部控制制度的完善提出建设性建议，以确保高校内部控制制度更加严谨。高校在严格内部审计的同时，也可借助外部审计以改善内部控制环境，不断提高内部控制的设计和操作水平。

7. 信息技术控制制度

在信息技术不断发展的背景下，高校普遍使用计算机进行财务管理，特别是会计电算化与数字技术的不断发展，对信息的安全性也提出了更高的要求。高校数据来源呈现多样化特征，对模型系统分析对比要求高，人力、物力投入需求大。因此，高校需要通过制度建立一个良好的沟通机制，以信息管理技术为基础、以财务为核心，保证高校各个部门之间有效地进行信息交流和互动，并且实时地、深刻地剖析数据背后存在的问题，保证财务决策的科学高效。同时，依托精确的、令人信服的财务数据采集方式，把传统以人工为主的财务管理模型建设为一个科学、合理的数据共享模型，不断强化高校管理制度建设，进一步提高财务信息透明度，提升运营过程中的沟通效果。

高校必须加强信息技术控制。信息技术控制需要利用技术手段构建内部会计控制系统以减少或消除人为因素的影响，保证内部控制得到有效执行。高校应通过引入专门的审核人员来审核系统中每一笔业务的合法性、准确性，从根本上杜绝差错、舞弊行为；还应加强财务会计与管理会计电子信息系统的研发和维护，对数据输入和输出、文件储存和保管以及网络安全进行监控；对输入信息和输出信息是否一致进行定期或者不定期的检查；通过查询并打印的方式确保凭证、账簿和报表等数据得到正确处理，使数据在任何情况下都不会丢失、泄露或被窃取，防范利用计算机进行的犯罪活动。

第三节 基于管理会计的高校风险管理机制优化

一、高校风险管理机制优化的融合策略

随着高等教育改革的深入，高校收支管理越发复杂，给高校财务带来了很大的风险。高校对风险管理机制的优化可以结合管理会计从四个方面入手，如图 5-4 所示。

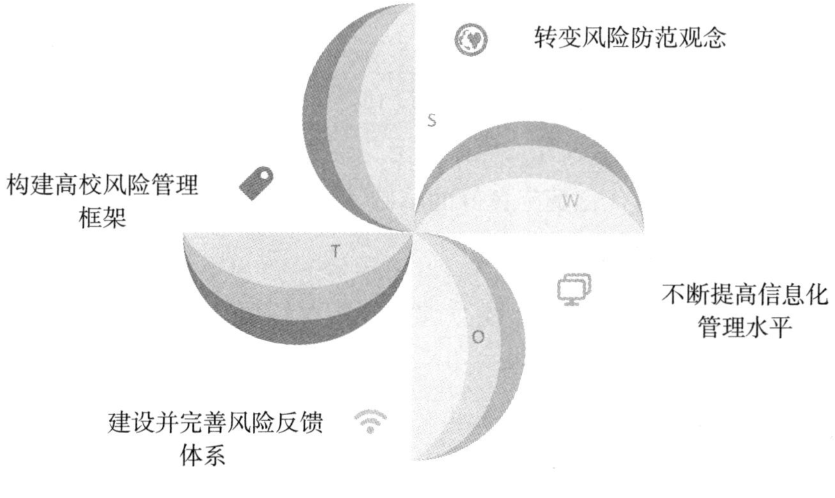

图 5-4 高校风险管理机制优化的融合策略

（一）转变风险防范观念

高校风险管理机制优化的重要任务之一是风险意识的提高，但是单纯增强风险意识而不转变风险观念，很难抵御新时代出现的新风险。从风险管理机制上看，高校要关注时代变化，不断创新风险管理理念；结合管理会计思路和方法，根据责权一致的要求来梳理责权底数、明确责任主体、规范运行流程，对责权目录、权力运行流程图等内容进行修改和完善；正确认识由招生规模、筹资规模和投资规模扩大导致的管理环境越来越复杂的现实情况，提高全员风险控制和风险防范的意识，加强对各个岗位职工的风险知识培训，使其了解新的风险内容，从各个岗位职工的不同视角、不同控制点对风险管理问题进行更加科学和及时的反馈。

（二）不断提高信息化管理水平

在信息化时代背景下，计算机辅助技术给高校管理带来的便利是显而易见的。高校必须依靠现代信息技术手段来防范与控制风险，探索构建财务运行风险电子防控系统，使高校主要的财务业务流程程序化、标准化、规范化；综合运用财务系统，充分收集风险信息并定期进行整理，筛选风险的种类及大小，对苗头性、倾向性的问题及时发出风险预警。

（三）建设并完善风险反馈体系

管理层级及职位不同，风险感知能力也不完全一样。高校风险管理的参与人员可通过参加座谈会、查阅校报与校刊等方式主动掌握最新的风险情况，利用邮箱、电话等方式传达有关风险信息。这些多路径、多角度的沟通渠道都会为风险管理机制的优化奠定良好的基础。

（四）构建高校风险管理框架

在管理会计工具方法中，风险管理框架是专门应用于风险管理领域的方法。风险管理框架从整体风险组合角度来审视风险，可以使风险偏好符合高校发展战略，并对诸多风险给出总体应对措施，既能保护高校资产安全，又能避免高校受到风险威胁。另外，风险的认知与管理也为高校内部控制系统明确控制重点奠定了基础，有利于建立并实施有效的内部控制制度，反过来助力高校预防风险。

二、以战略为核心的高校全面风险管理框架内容

高校可建立起一个以战略为核心的全面风险管理框架。高校全面风险管理就是要把风险评估当作一种常态化的行为来对待，这就需要高校组织机构中的每一个人都重视对风险的识别和管理，从风险产生的根源上对风险进行连续的监督和控制。以战略为核心的高校全面风险管理总体框架由全面风险管理总体目标、基本内容、构成要素、工作流程、组织架构五项内容组成。

（一）总体目标

目前国内高校一般都已着手进行战略规划或者战略管理，从这一实际情况出发，以战略为核心的高校全面风险管理框架应该努力实现如下总体目标。

第一，保证把高校的各类风险控制在与战略目标和总体目标相适应的高校可承受范围之内。

第二，保证实现战略规划的重大举措以及各项制度安排得到贯彻落实，减少战略规划与办学目标实现过程中的不确定性，促进办学活动高效开展。

第三，保证高校各利益相关者信息得到良好交流，保证高校各部门严格遵守相关法律法规，所提供财务报告真实可信。

第四，制订各种重大风险危机处理计划，保证高校免受灾害性风险和人为失误造成的巨大损失。

（二）基本内容

围绕着高校战略规划与办学目标的实现，全面风险管理在高校中的基本内容应该包括如下几个方面。

第一，培养优良的风险管理文化。

第二，建立和完善全面的风险管理体系，其中包括识别风险和机遇、统筹战略规划和风险容量、完善风险应对决策、建立风险管理组织职能体系、构建风险管理信息系统和内部控制系统。

第三，建设和实施风险管理基本流程。

（三）构成要素

对照企业风险管理构成要素，结合高校经营基本规律，以战略为核心的

高校全面风险管理框架内容包含以下八项要素。这些互相联系的构成要素有机地融合于整个高校风险管理过程中，从而保证办学目标及战略规划的达成。

1. 管理环境

管理环境是存在于高校内外的一切影响风险管理实施和效果的力量、条件、因素的总称，既包括作为出资者和管理者的政府，也包括高校内部组织结构、校园文化、管理流程，领导者的管理风格、风险偏好、管理理念等，还包括广大教职员工的道德品质、个人能力，以及高校所处的整体办学环境。

2. 设定目标

每个高校都会面临一系列外在与内在的风险，明确高校发展战略目标与依法办学目标是进行风险识别、评估与应对的先决条件。高校战略目标和年度具体办学目标的设定应考虑承担风险的数量，也叫作风险容量，在目标收益和相关风险之间寻求最优平衡。

3. 风险识别

以是否能给高校带来积极影响等为标志，把高校风险划分为纯粹风险（只会产生负面影响的可能）与机会风险（产生消极与积极影响的机会是同时存在的）。对纯粹风险予以评估和应对；对机会风险则在评估和应对的同时，将其反馈到战略和目标设定过程中。

4. 风险评估

风险评估是对高校在实施发展战略时产生风险的可能性大小、风险产生的条件、对发展战略及目标产生影响的程度或者机会价值等内容进行分析与描述，并在此基础上确定如何实施风险管理。

5. 风险应对

高校要从自身条件与外部环境出发，以发展战略为核心明确风险偏好、风险承受度以及风险管理有效性等准则，在风险规避、风险降低、风险承受、风险分担等风险应对措施中选择适合自身情况的措施类型或者进行措施组合，将风险控制在可接受的范围内，在进行战略管理时有效地把握机会风险以获得竞争优势。

6. 控制活动

在高校发展战略的实施过程中，控制活动作为一种有助于保障风险应对有效执行的流程与环节，存在于高校各个管理对象与各项管理活动中。

7. 有效沟通

要实现有效沟通，就必须保证高校风险管理的信息生成和运用与战略实施的信息需求相适应，高校的有效沟通体现在信息的高效流动上，高校应保证信息进行上下和平行流动，经过沟通让所有教职员工清楚地认识到应该承担的风险管理责任。

8. 全程监督

全程监督通常用于评价全面风险管理各组成要素在高校战略实施过程中存在的合理性与运行的有效性，这需要通过常态化的监督活动与个别评价相结合来实现，并对存在于运行过程中的缺陷进行反馈报告、及时纠偏和完善。

（四）工作流程

实施以战略为核心的高校全面风险管理，除了要确定风险管理的构成要素之外，还必须建立相应的风险管理工作流程，如图 5-5 所示。

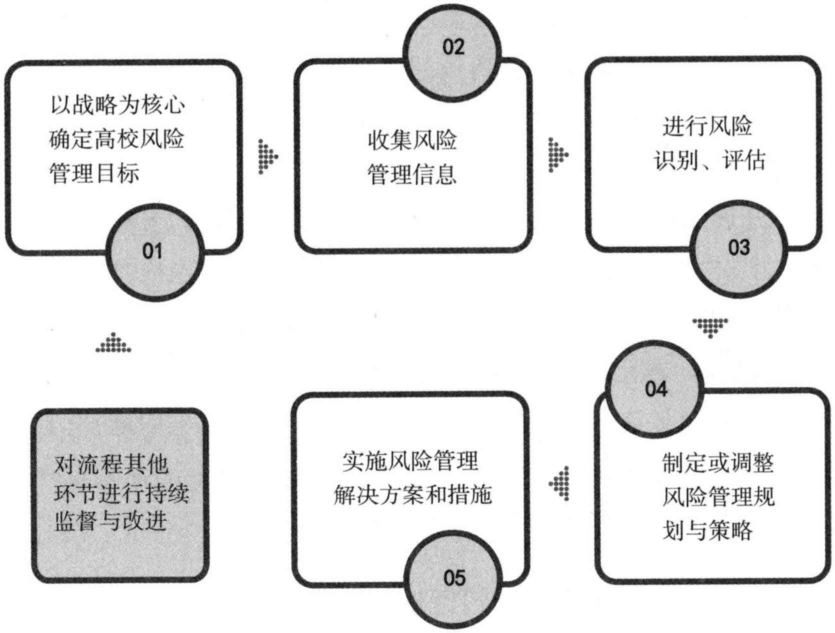

图 5-5 高校全面风险管理工作流程

（五）组织架构

以战略为核心的高校风险管理组织体系主要指高校治理结构规范，包括风险管理职能部门、内部审计部门、高校组织领导等机构及各机构的职责。有效的治理结构是高校以战略为核心的高校全面风险管理得以落实的根本。对此，规范高校治理结构可以尝试基于“党委决策、行政执行、独立监督三权分离互动”的校长负责制。

首先，就风险管理而言，高校党委应加强如下责任：审议风险管理规划，研究和调整风险管理策略、方案、措施，审批重大决策风险评估报告，核准风险管理的组织机构设置和职责方案，核准内部审计部门关于风险管理监督和评价的审计报告等。

其次，高校要成立独立的全面风险管理职能机构，或者在有关职能部门中明确责任并履行如下职责：提交全面风险管理规划与年度实施报告；对重大决策的风险评估报告进行研究；提出风险管理策略及跨职能部门的重大风险管理解决措施，负责该解决措施的组织实施和风险日常监测；负责全面风险管理有效性评价，研究并提出完善方案；负责组织风险管理信息系统的建立等。

再次，在落实发展战略时，高校的内部审计部门对风险管理的主要职责就是负责研究并提出全面风险管理监督评价体系、拟定监督评价的有关制度、进行监督与评价、出具监督评价审计报告。

最后，开展风险管理工作时，高校的其他职能部门和各类业务单位作为风险管理的具体实施主体，要接受风险管理职能部门以及内部审计部门对风险管理工作的组织、协调、指导、监督。各部门的主要职责包括：执行风险管理的各项流程，研究提出针对本职能部门或高校的重大决策、重大风险、重大事件、重要业务流程等的评判标准与评判机制，对本职能部门重要决策进行风险评估，建设本职能部门的风险管理信息系统，培育风险管理文化，建立和完善本职能部门风险管理内部控制子系统。

三、分段构建高校全面风险管理框架

高校全面风险管理框架构建工作需要与财务工作步伐一致，以财务风险的全面把控为重点，具体分为以下几个阶段。

（一）财务规划阶段

财务规划阶段在整个财务活动中处于基础地位，构建高校全面风险管理框架要求高校在把握全局、紧跟时代、循序渐进、收支有度和有效沟通等方面做到心中有数。这样才有可能创设良好的风险管理环境，降低财务风险，并有助于形成战略导向明确的风险管理方案。

具体而言，在收支来源多元化、管控难度增大的情况下，高校要对财务管理活动进行合理筹划，高校管理层要组建领导班子并紧跟时代步伐，根据现实需求，编制财务风险管理总体发展方案及分步实施规划。在资金投入方面，高校对重大投入项目应在规划阶段对筹资渠道可行性、投资支出项目合理性等进行适时论证，并根据反馈信息及具体执行情况适时进行调整。在债务偿还方面，高校在借贷前要对贷款的必要性进行论证，对贷款的规模进行把控，对筹资渠道进行创新和开发，形成多元化筹资渠道，落实管理会计理念，做好前期分析、客观预测、事后分析、灵活调控，利用筹资组合的优势加强对借款资金的来源与运用的管理，科学制订还款方案。在资金管理方面，要建立部门之间、层级之间的追踪机制，用款规划的每项具体操作都要有及时的反馈，根据管理会计理念，提前结合项目方案编制好资金预算规划、严格落实用款规划，力求账实相符、掌握资金动向。

（二）财务组织阶段

财务组织阶段为整个财务活动的开展建立起基本架构，构建全面风险管理框架要求高校必须注重风险预警工作并成立专门部门，在每个风险环节设置风险预警分析岗位并定期开展风险评估工作，从而构建一个全方位、全过程且沟通高效的风险预警机制，及时识别风险发生的根本原因，形成以问题为导向的风险预警系统。

具体而言，在高校规模逐渐扩大的情况下，要建设好高校全面风险管理框架，高校就必须首先关注风险预警工作，设置风险预警专门岗位，对全面风险管理每项流程和环节的风险控制点进行专门调研并给出风险控制建议。其次，高校要根据风险预警计划，针对行政职能领域风险点设置风险分析专门岗位，从高校教学体系、科研体系以及其他不同体系中对风险活动进行全过程监管，通过详细的风险监督及汇总分析对风险进行预知并适时采取措施。最后，在财务领导班子的领导下，财务核算部门、财务风险预警部门、审计部门要联合开展常态化风险评估工作，发现高校资金运作过程中存在的问题并化解风险。

（三）财务控制阶段

财务控制阶段贯穿财务活动始终，构建全面风险管理框架要求高校以良好的财务规划与组织架构为前提，做好财务风险信息的采集、分析与传递，依托信息化手段从基层查找问题、分析资料，从中层应对风险，对财务运作情况进行后续追踪、动态监控，形成精准动态的财务风险全面管理方案。

具体而言，在资金流转网络化和控制点规划难度增加的情况下，高校构建全面风险管理框架必须进行系统化全局管理。专门风险预警部门要根据高校财务领导班子的规划方案、实施细则来分析现实情况，在资金实际使用的第一线设置专门的风险分析员，配合财务部门的分析工作，提高风险数据的准确度。风险分析员应划分风险等级，以利于财务部门和高校领导及时剔除较小风险，精准把握重大风险；还需要综合相关指标判断风险点是否有前期操作不佳迹象或是否接近风险发生的临界点，以利于高校领导及时应对。从风险处理方面来说，对财务风险进行准确的分析与定位之后，管理人员应立即制定相应的防范与转换措施，然后迅速执行，并通过咨询体系来观察有关指标的变动情况，把握风险情况的后期变化，畅通风险预警部门与财务管理层间的沟通渠道，对财务风险处理情况进行及时传达与反馈。

（四）财务评价阶段

财务评价阶段是对整个财务活动进行全面分析的阶段，构建全面风险管理框架要求高校建立并执行监督评价机制，通过构建风险管理标准体系，从整体上认识并把控风险管理工作，形成财务风险全面管理框架。

具体而言，在资金项目复杂化、评价指标难以形成系统的情况下，为了保持财务管理机制良好运行，高校须制定科学、系统的全面风险管理评价标准。高校制定全面风险管理评价标准要根据自身宏观发展目标以及各项微观目标进行综合考虑。从宏观发展目标来说，高校可以选择侧重就业率，或是选择侧重学生的技能培养，或是选择侧重科研成果等，据此合理配置高校的资金，建立一套比重分析标准；从微观项目角度来说，在预算与实际操作的匹配度、资金使用效率与效果等方面，高校可根据项目大类制定相应标准，对各类经费的使用状况进行合理评价，并通过各项目之间的内在联系使各指标结合成一个有机体系，如校企合作项目组合与就业指标相结合、教研项目与教学质量指标相结合、教学质量与招生指标相结合等，以全面控制财务风险，实现最佳社会效益。

第六章　管理会计在高校绩效管理中的应用

随着我国高等教育的新一轮改革和发展，各高校在绩效管理领域进行了有益的尝试与探索，并将其成果在高校管理中进行推广。绩效管理就是对团队与个人绩效进行识别、衡量和开发，将其与组织战略目标相协调，进行持续性管理。绩效管理不仅是保证治校方略实施的有效途径，更是促进高校教师学习与成长的重要手段，构建科学、合理的绩效管理体系对高校来说至关重要。将管理会计应用到高校绩效管理中，可以创新绩效管理方法，从而提高高校绩效管理水平，使绩效管理更好地服务于高校战略的实施。平衡计分卡就是管理会计在绩效管理领域的应用工具方法，高校可以基于平衡计分卡来构建绩效管理体系并将其付诸实践。

第一节　高校绩效管理的基本内容

一、高校绩效管理的内涵

“绩效管理”概念起源于美国管理学大师彼得·德鲁克于20世纪50年代创造性地提出并应用于企业经营管理实践中的“目标管理”概念。20世纪70年代美国管理学家奥布里·丹尼尔斯提出了“绩效管理”理念。初始的绩效管理被认为是激励员工完成企业目标的一系列活动。此后，社会与学术界对绩效管理展开了系统而全面的研究。研究的相关成果主要可以归纳为两种取向：一是组织取向，即认为绩效管理是管理组织绩效的一种体系，旨在实现企业发展战略，帮助企业保持竞争优势；二是个体取向，即认为绩效管理是指导和支持员工有效工作的一套方法，旨在开发员工个体潜能，帮助员工实现工作目标。

现代绩效管理是指各级管理者和员工为了达到组织目标共同参与的绩效计划制订、绩效辅导沟通、绩效考核评价、绩效结果应用、绩效目标提升的持续循环过程，目的是持续提升个人、部门和组织的绩效。目前的企业管理大都是以绩效管理为中心。绝大多数没有绩效管理的企业还停留在粗放、野蛮生长的管理状态。可以说，绩效管理体系的形成意味着企业的管理开始走向科学化与体系化。

将绩效管理引入高校教育管理体系，能够让高校和个人、内部和外部之间形成多维协同的机制，从而更好地实现高校职能，为社会输送更多的优秀人才。高校绩效管理指高校在特定时期，对其投入、产出和办学过程所进行的多维构建。高校绩效管理在内涵上表现出多维性特征，如高校在人才培养、科学研究、服务社会、文化传承等领域的成果数量与质量等，都是高校绩效管理的重要内容。与此同时，高校管理水平的提升、成本的控制、办学声誉的提高等也都是高校绩效管理的组成部分，高校绩效管理目标反映了高校的教育价值与使命。

二、高校绩效管理的基本环节

高等教育自身特点决定了高校绩效管理无论从考核内容还是考核方式上都与企业绩效管理存在较大差异。高校绩效管理是个完整且封闭的动态系统，是一个循环过程，包括绩效计划与指标构建、绩效实施与辅导、绩效考核与评价、绩效反馈与应用四个基本环节（见图 6-1），这些环节环环相扣，任何一个环脱节都可能造成高校绩效管理失效。

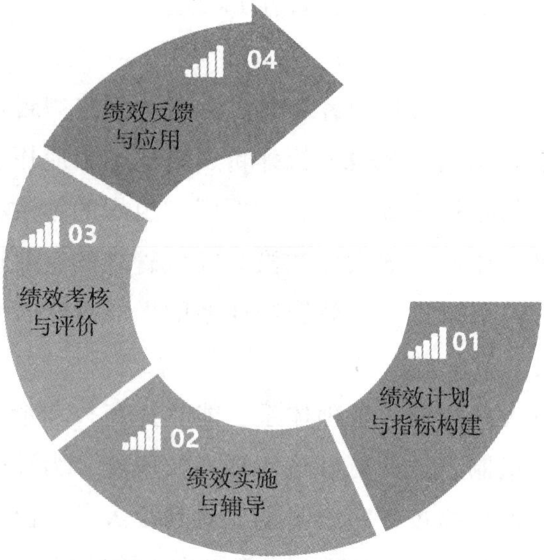

图 6-1　高校绩效管理的基本环节

（一）绩效计划与指标构建

绩效计划与指标构建是绩效管理得以实施的基本条件，为绩效管理指明了方向。高校绩效计划的制订首先要确定好绩效目标。在制定高校具体岗位绩效目标时，要针对具体岗位进行具体分析，在明确了岗位职责后，高校绩效管理部门就要提出具体绩效目标。绩效目标的确定要重视高校上下层级互相交流，特别是从下往上的交流，让具体的一线职工加入目标确定的过程。在绩效目标明确后，各部门领导和职工要共同制订符合实际的绩效计划。从静态层面看，绩效计划是与工作标准、目标等因素有关的契约。从动态层面看，绩效计划是管理者和被管理者之间相互交流，对工作目标在思想上形成共识的一个过程。在制订具体周期内的绩效计划时，要明确完成时间、要完成的任务、要达到什么水平，做到周密细致，从而保证绩效计划和绩效目标清晰，符合高校需要。在绩效计划制订完成后，要构建绩效指标，高校绩效内涵多维性决定了高校实施绩效管理时所选择的指标也应该是多维性的。

（二）绩效实施与辅导

绩效实施与辅导作为绩效管理的重要执行环节，在整个绩效管理过程中所需时间最多，且直接关系到绩效管理实施效果。

具体而言，高校绩效计划拟订后，高校全体教职员工和管理人员都需按照计划内容努力完成绩效目标。在此过程中高校绩效管理工作的负责人要监督和辅导绩效计划的实施。对绩效不过关的职工，要在第一时间做好交流工作，摸清他们存在的问题，帮助他们提高绩效。这个环节是不可缺少的，为了达到绩效管理的目标，高校绩效管理工作的负责人必须重视这个环节。另外，高校绩效管理工作的负责人还必须明白在整个绩效管理当中绩效沟通的重要性，推进建立一套完善的沟通制度，做好绩效沟通，把绩效沟通当成一项关键工作去做，并建立配套的机制，逐步养成良好沟通习惯。对于绩效管理而言，因为工作环节多、涉及范围广，无论哪项工作都要有多个部门主动合作才可以顺利进行，所以各部门间的沟通和交流变得格外关键。因此，高校内部应构建开放式绩效沟通网络以支持各部门之间的交流。

（三）绩效考核与评价

绩效考核与评价是绩效管理至关重要的一环。有些组织单纯地将绩效管理与绩效考核画等号，尽管这是一种误区，但由此可见绩效考核与评价的重要性。绩效考核与评价是指通过多种方式收集考核对象的信息与资料，并与绩效考核指标相对照，对考核对象做出评价。对高校绩效管理人员而言，绩效考核是对绩效目标完成程度的评价。通常情况下，考核的内容包括工作结果和工作行为两部分。工作结果是绩效计划的具体实施情况，也就是对工作业绩进行评价；工作行为是高校全体教职员工和管理人员等被考核人员日常工作行为的表现和态度等。在绩效考核时，高校绩效管理人员要做到全面考核，对被考核人员尽量做到多角度、多方位评价，保证考核的过程与结果公正客观。

（四）绩效反馈与应用

绩效反馈与应用是绩效管理的最后一环，这一环节不仅奖优惩劣，而且重点强调今后业绩的进一步提升，并把解决妨碍业绩提升的各种因素纳入下个绩效管理周期作为业绩目标，这样周而复始地达到螺旋式上升的目的，持续推动高校战略目标的实现和教师专业水平的提高。绩效评价并不是高校绩效管理的终点，而是对某一绩效周期内绩效的评价，如何在实际工作中运用评估的成果则值得进一步研究。对于高校而言，要把考核结果与教职员工薪酬、职位晋升和其他实际奖励相结合，使绩效管理落到实处，从而激发教职员工的工作积极性，促进高校自身的发展。

高校要建立行之有效的激励机制，从晋升、奖惩、培训等方面应用考核结果，以有效激励手段激发广大教职员工的工作热情。与此同时，在绩效考核方面，也要构建正向与负向、近期与远期、物质与精神等方面相融合的激励体系。首先遵循优绩优酬、绩效优先、兼顾公平等基本准则，通过福利待遇以及物质待遇来调动教职员工的积极性；其次通过把握教职员工需求、支持教职员工事业发展调动其工作积极性，给予优秀者一定的报酬和晋升空间；最后以培训激励为手段，以终身学习为契机，促进广大教职员工自身素质与业务水平的提高。

高校要建立绩效管理档案，对高校教职员工的绩效考核结果进行建档，将绩效档案与劳动报酬、职务晋升等直接联系在一起，使被考核人员积极面对评价结果，警醒其努力工作。另外，还要将个人考核结果与所处科室的总体考核结果相结合，充分体现考核的公平性和公正性。

第二节　平衡计分卡在高校绩效管理中应用的必要性与可行性分析

一、平衡计分卡在高校绩效管理中应用的必要性分析

平衡计分卡是绩效管理领域的管理会计工具方法，也是战略管理的重要工具，它从财务、客户、内部运营、学习与成长四个方面，把组织的战略转化为具有可操作性的衡量指标与目标值。高校绩效管理应用平衡计分卡有其必要性，具体如下。

（一）平衡计分卡满足高校利益相关者对信息的需求

作为高校利益相关者的政府、合作企业、社会公众、学生及其家长等都对高校资源利用状况、制度流程、教学质量、综合实力等方面的信息具有了解需求。高校可运用平衡计分卡四个维度指标体系对高校绩效管理过程的实

用性、绩效结果的及时性与客观性进行检验，并将检验结果报告给高校利益相关者，以满足他们对高校上述信息的需求。

（二）平衡计分卡是高校战略管理的重要工具

平衡计分卡能比较全面地对高校战略目标进行描述，并且以高校战略目标为核心，通过对高校战略目标进行分解，形成具体的考核目标与考核指标，使得高校各项工作都有了明确目标与衡量指标，从而有助于推动高校战略的实施。平衡计分卡通过财务、客户、内部运营、学习与成长这四个维度来确定高校绩效指标，依据各学院、系部以及专业学科性质与范围来分解并权衡目标，进而把每一个单位的目标转化为具体可操作的教师个体目标，加强教师个体绩效目标和高校整体战略目标之间的关联性，并且通过实现教师个人绩效目标来确保高校整体战略管理措施得到有效实施，把战略目标转化为具体行动，帮助管理者统筹组织高校各个部门以及教职员工共同致力于高校战略目标的达成。

（三）平衡计分卡是高校科学发展的强劲驱动力

以平衡计分卡为基础的绩效管理，在绩效目标的设定上既关注利益相关者的满意程度，又充分考虑教师个人的利益，通过目标分解充分调动教职员工的积极性与创造性。应用平衡计分卡的绩效管理强调以人为本和双向沟通，对绩效结果的应用注重精神与物质双重激励，有利于增强高校凝聚力。尤其是平衡计分卡的学习与成长维度，为高校科学发展提供了强有力的支撑。平衡计分卡的核心在于“平衡”，这包括注重财务指标与非财务指标之间的平衡、长期目标与短期目标之间的平衡、内部衡量和外部衡量之间的平衡、成果和过程之间的平衡。高校是人才培养与科学研究的重要阵地，以知识与人才为主要产出。平衡计分卡的平衡思想有助于高校持续提升社会满意度、完善内部业务流程、持续学习和成长，以推动高校的全面科学发展。

二、平衡计分卡在高校绩效管理中应用的可行性分析

（一）国家政策创造条件

国家对高等教育制定了诸多扶持性和优惠性政策，也提出了较多的规范和要求，面对法人治理结构有待健全、办学经费紧张、师资力量有限等制约

高校发展的瓶颈，高校需要走内涵式发展与特色发展相结合、规范发展与科学发展相结合的道路，这样才能把握机遇、应对挑战，从而保障国家、相关企业、学生以及教师的利益，同时平衡好社会效益、经济效益和文化效益，这是高校在发展过程中面临的主要课题。面对国家提供的有利发展条件和提出的更高发展要求，高校需要对各方面的管理质效进行梳理，这就为平衡计分卡的应用创造了条件。

（二）高校工作奠定基础

高校本身开展的绩效管理工作为平衡计分卡的应用奠定了基础。1985 年《中共中央关于教育体制改革的决定》发布后，我国开始了真正意义上的教育评估研究工作。1990 年《普通高等学校教育评估暂行规定》成为我国高校评估规范化的起点。后来的高校评估多是套用普通高校评估指标体系和评估方法，未形成具有各自特色的评估指标体系和评估方法。随着高校评估研究的不断深入以及评估工作的进一步开展，诸多高校正在开发符合自身发展战略的指标体系作为参考依据来开展绩效管理工作。由于这些指标体系涉及的内容与平衡计分卡指标体系具有一定的契合度，高校原有的绩效管理工作为平衡计分卡的应用奠定了基础。

（三）技术手段充分助力

高校管理的信息化建设使得各种信息数据的收集更加便捷、可靠。过去，平衡计分卡在高校绩效管理中的应用有两大阻碍因素。

一是平衡计分卡的开发实施成本较高。在高校战略目标制定之后，从平衡计分卡四个维度对战略目标进行具体落实，首先要把战略目标逐层分解至各高校、系部与教师之间，让每一个单位与每一位教师充分认识目标，最终要确定的考核指标可能高达二十多个。在第一次确定量大面广的考核指标时，必然要花费很多时间与精力，而且在后续考核与数据收集等环节也要消耗较多人工成本。通常情况下，平衡计分卡在高校绩效管理中首次应用耗时可能长达半年，之后进行的结构调整、修正与完善工作可能又要耗费半年乃至更长时间。所以，一套规范、成熟且适用性较强的平衡计分卡总体开发时间可能为一年以上，这对于普通高校来说，时间成本与人力成本都较高。

二是平衡计分卡的指标体系过大。平衡计分卡在原财务指标基础上，还引入了客户、内部运营、学习与成长三项非财务指标。这三项非财务指标具有动态性，虽然克服了原来单一财务指标考核的片面性与局限性，使得考核过程更加完备与全面，但在实际工作中，制定非财务指标的判定方法、考核标准和评价体系的难度较大。这三类非财务指标具有动态性、不易采集性、变化性和受外界影响大等特点，把平衡计分卡应用到高校绩效管理中时，各个方面的指标都会随着应用的深入拓展变得更加庞大，任何一项指标体系的变化都可能导致高校战略上的再调整，从而加大绩效管理的工作难度与工作量。

不过，当前我国高校管理的信息化建设快速推进，正在逐步化解这些阻碍。目前各地高校已普遍使用学生学籍管理系统、教务管理系统、教师管理系统、招生就业管理系统、图书管理系统等，利用这些管理系统对各种数据资料进行收集、整理和分析具有更高的便捷性与可操作性。另外，随着平衡计分卡相关应用管理系统在我国的普及应用，平衡计分卡应用工作的开展也变得更加简便，比如，UCML-BSC（战略绩效平衡计分卡）战略绩效系统等的引入将使得平衡计分卡在高校绩效管理中的应用更具有可行性。

（四）与高校实际相契合

平衡计分卡从财务、客户、内部运营、学习与成长四个维度把组织战略转化为可操作的目标与衡量指标的新型绩效管理体系，是对关键绩效管理法和目标管理法的进一步深化，其各个维度的指标与高校的实际情况相契合，因此具有应用的可行性。

1.财务维度与高校的非营利性特点相契合

平衡计分卡最早被运用到企业等营利性组织中。后来人们在实践中发现，平衡计分卡一样可以应用在政府、高校及其他非营利性组织中。非营利性组织应用平衡计分卡会在一定程度上削弱财务指标的作用，转而在财务指标达成的前提下更为关注客户满意度、组织内部业务流程、学习与成长这些非财务指标，这与平衡计分卡基本思想依然契合。高校作为非营利性组织，所提供的商品与服务都具有准公共产品属性，其最大的受益者为受过高等教育的个人乃至全社会，所以其不能以追求利润最大化为财务目标。与此同时，高校也不可能把成本最小化当作财务目标来考虑，因为高校的首要目的就是培养人才，成本最小化可能导致教学质量下降。在现实中，高校的运转需要办学经费的支持，仅靠政府拨款维持运行已无法适应现代竞争需要，高校财务目标应致力于拓展筹资渠道，力争从政府、社会和校友等多个方面获取更多办学经费。平衡计分卡正好能在其原则之内引导高校获得财务维度的竞争优势。

2.客户维度与高校学生就业需求相契合

在高校内部，学生的角色是客户，也是产品。当今社会竞争激烈，高校已不再是昔日的“象牙塔”，闭门造车显然无法满足企业对人才的需求。因此，高校对人才的培养要面向社会、贴近企业。平衡计分卡对客户维度的重视恰恰能够引导高校更加重视自己的客户，知道社会与企业需要怎样的人才，从而有目的地进行人才培养，向社会输送与之相适应的人才，这样才能在竞争中站稳脚跟，提高人才培养质量，提升学生、社会、企业的满意度。

3.内部运营维度与高校学科建设相契合

在知识快速发展与技术不断进步的今天，高校开设的课程越来越多样化，人们在知识追求上越来越表现出个性化，社会的知识需求异彩纷呈、类型多样，这就要求高校学科设置既适应全社会知识和技术进步，又适应不同人群的个性化需求。平衡计分卡内部运营维度能够指导高校结合自身实际情况，充分考虑客户需求，从新的视角审视校内学科建设现状，通过新建、改组、融合等途径形成具有自身特色的学科体系，并将其作为人才培养的基础，运用学科对应的科研成果为地方经济发展服务。

4.学习与成长维度与高校学习型组织相契合

在平衡计分卡应用模式下，高校在明确前三个维度的价值定位和优劣势后，需要通过学习来完善内部流程，提升自身人才培养质效与创新能力，最终推动高校整体和教师个人的成长。高校通过应用平衡计分卡能够让内部广大教职员工在一个共同的愿景下形成一种学习型组织氛围，使教职员工彼此之间相互学习，共同成长，并使这一模式内化为日常工作，最终形成标准，使教职员工养成自觉执行的习惯。

第三节　基于平衡计分卡的高校绩效管理优化

一、构建基于平衡计分卡的高校战略绩效管理体系

时代不断进步，环境不断改变，对任何高校而言，发展的目的都是提升高校的价值，培养出更加适应时代发展的优秀人才。平衡计分卡应用于高校的核心是以高校发展战略作为根本目的，建立起符合高校发展实际的战略绩效管理体系。

（一）高校战略目标分析

每所高校都有不同的发展战略，有的高校致力于发展成高质量研究型大学，有的高校重在培养应用型人才。应用平衡计分卡，高校首先要对自身发展战略进行详细的分析。以走“产学研一体化”发展道路的高校为例，其秉承高质量应用型人才培养的目标取向，以需求为导向，接轨行业，通过构建深化学产结合的实践教学平台来凸显办学特色，通过人才队伍建设来拉动核心资源，通过深层次的合作促进国际化办学，通过体制机制的创新提升高校管理效能，从而在对接企业需求、人才培养、科学研究三大方面都取得较大突破，走高质量发展道路。这类高校在明确自身战略方向之后，就要进行详细的战略分析，将战略目标进行分解，细化成可实施的具体个人目标。只有这样才能够指导教职员工努力做好个人工作，实现自己的目标。

当今时代，高校承担着传播知识、培养人才和服务社会等职能。无论一所高校的战略目标是什么，要想达成这一目标，都必须先让战略目标得到校内全体成员的理解与认可，从而树立共同愿景。不过宏观的愿景很难让人有深刻的理解，因此，利用平衡计分卡对战略地图进行分解，能够让高校每位教职员工对高校战略有一个清晰的解读。平衡计分卡将战略分解成战略目标、战略指标和战略行动方案，从而让高校内部全体成员理解高校的使命与努力方向，从整体的角度看待高校发展战略，认清自身定位，树立共同愿景，共同努力完成使命。

（二）高校战略绩效指标体系设计

构建基于平衡计分卡的高校战略绩效管理体系需要从财务、客户、内部运营、学习与成长四个维度设计相应的指标体系。这四个维度就是高校平衡计分卡的一级指标，然后需要进行二级指标、三级指标的细分，赋予每一级指标以相应的权重，并定期组织专家对教职员工绩效进行考核。绩效考核可以督促高校教职员工承担责任，主动作为，在自己的职责范围内做好工作，朝着高校战略目标前进。另外，应用平衡计分卡设置浮动薪酬能促使高校所有成员以平衡计分卡为核心设计目标与行动方案。这有利于避免高校追求单一目标，确保战略执行能够做到从全局出发，采取最利于战略目标达成的行动方式。具体而言，高校要从整体和个人角度进行战略绩效指标体系的设计。

1.高校整体战略绩效指标体系设计

（1）财务维度。尽管营利并非高校办学的目标，但如果没有充足的经费做后盾，高校也很难做到高效运营。因此，基于平衡计分卡的高校战略绩效指标体系在财务维度方面的设计应该以每个高校的具体情况为依据，征求校级领导的意见，设置符合自身实际的相关指标，如专项拨款、学费收入、教学支出、学生活动支出、教培转型经费支出等指标。

（2）客户维度。高校是非营利性组织，客户是高校发展的内在动力。只有做好客户关系维护，才能推动高校持续发展。对高校而言，客户就是学生和用人单位。高校需要始终坚持对学生负责、对家长负责、对行业负责、对社会负责、对国家负责，把民族使命与社会责任纳入高校建设发展与人才培养的全过程，把人才培养、科学研究等“生产行为”作为路径，把促进学生成长作为第一要义，把推动行业进步作为发展方向，把助力国家发展作为终极目标。因此，高校在设计基于平衡计分卡的高校战略绩效客户维度指标时，应着眼于学生与用人单位的需求。一般而言，基于平衡记分卡的高校战略绩效客户维度指标包括新生报到率、学生学习成绩、毕业生就业率、学生满意度、用人单位满意度等。

（3）内部运营维度。高校的运营活动一般包括教学活动、科研活动、创新创业指导等，这些运营活动可以保证高校职能的顺利实现，为学生和用人单位提供优质的服务，实现客户与高校双赢。因此，高校在设计基于平衡计分卡的高校战略绩效内部运营维度指标时，应全面考虑内部运营的各项活动的条件与因素。一般而言，基于平衡计分卡的高校战略绩效内部运营维度指标包括教师人数、高层次人才比例、学科建设、重点学科数量、教育教学研究项目数量、校企合作项目数量、创新创业教育情况等。

（4）学习与成长维度。学习与成长维度是其他三项维度的支撑点，是高校软实力建设的重要来源。高校需要紧抓各项发展任务，包括信息化建设、师资队伍建设、教学研究、参加展览和竞赛等。信息化建设可以提高高校管理质效，加快信息与知识的共享；师资队伍建设是高校一切内部运营活动开展的前提；教学研究是提高教学质量的直接途径；参加展览和竞赛是高校提升声誉、反省自身不足的手段。因此，高校在设计基于平衡计分卡的高校战略绩效学习与成长维度指标时，应从高校的长期发展任务出发。一般而言，基于平衡计分卡的高校战略绩效学习与成长维度指标包括信息化建设情况、教师培训次数、教师学历和职称提升情况、教研项目数量、参赛获奖数量等。

综上所述，高校整体战略绩效指标体系如表 6-1 所示。

表 6-1 高校整体战略绩效指标体系

维度	指标
财务	专项拨款 学费收入 教学支出 学生活动支出 教培转型经费支出
客户	新生报到率 学生学习成绩 毕业生就业率 学生满意度 用人单位满意度
内部运营	教师人数 高层次人才比例 学科建设 重点学科数量 教育教学研究项目数量 校企合作项目数量 创新创业教育情况

续 表

维度	指标
学习与成长	信息化建设情况 教师培训次数 教师学历和职称提升情况 教研项目数量 参赛获奖数量

2.高校教师个人绩效指标体系设计

在教职员工层面，由于高校职工类型多样，其中尤以教师为主要群体，下面以教师为例进行高校个人绩效指标体系设计。

（1）财务维度。在企业中，员工个人的盈利能力能够反映企业整体的盈利能力，而在高校这个非营利性组织中，教师并不具备直接的盈利能力。因此在财务维度，高校教师个人绩效指标应侧重教师可享受的政府项目资金支持和项目申报优惠政策。尽管这是个人荣誉，但从最终结果来看，其对高校教科研水平的提高大有裨益。一般而言，财务维度的高校教师个人绩效指标包括项目经费、人才支持计划等指标。

（2）客户维度。对任何高校而言，教育最重要的意义都体现在教师能够给学生成长带来多大的帮助并最终产生多大的价值。高校发展要靠人才培养，人才培养需要教师努力工作。教师作为联系高校与学生的重要媒介，应反映双方的满意度。因此，对每位高校教师而言，高校和学生就是"客户"，高校和学生是否满意就是其工作绩效最重要的评判标准。客户维度的高校教师个人绩效指标包括学生满意度和高校满意度等。

（3）内部运营维度。对高校教师而言，除正常教学外，教科研能力是高校教师职业发展不可缺少的一项能力，该能力直接关系到高校内部运转情况。因此，内部运营维度的高校教师个人绩效指标包括教研情况、科研情况等。

（4）学习与成长维度。在当前信息爆炸的时代，教育信息时刻都在变化。作为教育工作者，高校教师的眼光与才能决定着学生对知识的掌握水平。高校教师只有在不断提高个人能力和理解前沿教育理念的前提下，才能够让学生在第一时间获得宝贵的教育资源。因此，高校开展的内部培训和派教师外出培训等活动对提高教师能力起着关键作用。学习与成长维度的高校教师个人绩效指标包括参加内部培训情况、参加外部培训情况等。

综上所述，高校教师个人绩效指标体系如表 6-2 所示。

表 6-2　高校教师个人绩效指标体系

维度	指标
财务	项目经费 人才支持计划
客户	学生满意度 高校满意度
内部运营	教研情况 科研情况
学习与成长	参加内部培训情况 参加外部培训情况

（三）确定高校平衡计分卡指标的权重

在设计好高校整体战略绩效指标体系和高校教师个人绩效指标体系后就要对高校平衡计分卡各项指标的权重进行确定。各指标权重的分配对整个绩效管理系统起着至关重要的作用，直接决定着绩效评价是否合理有效。高校平衡计分卡战略绩效管理体系中的指标权重分配要面向战略目标，体现出被评价主体对高校战略目标的贡献度或支持率，也要体现出指标间的重要性差异。在实际操作中，高校平衡计分卡指标权重的确定首先要选取合适的方法，然后按照具体的步骤开展工作。

1. 高校平衡计分卡指标权重的确定方法

平衡计分卡指标权重的确定方法有很多种，如德尔菲法、权重因子判断表法、层次分析法、专家直观判定法、排序法等。高校确定平衡计分卡指标的权重时可以选用德尔菲法。德尔菲法又称为专家调查法，由组织者就拟定的问题设计调查表，通过函件分别向选定的专家征询调查意见；按照规定程序，专家组成员之间通过组织者的反馈匿名地交流意见；通过几轮征询和反馈，专家们的意见逐渐集中，最后获得具有统计意义的专家集体判断结果。

德尔菲法不仅可应用于预测还可应用于评价，能充分地利用各类专家所具有的知识、经验与智慧，成功处理非结构化问题，对决策的科学化和民主化都有很高的价值。德尔菲法属于定性预测方法，采用“背对背”方式进行群体咨询，群体成员各司其职，再用系统且独立的方法对其判断结果进行整合，这种形式不会被权威支配，提高了预测的可靠性。

选用德尔菲法来确定高校平衡计分卡指标的权重主要出于如下两点考虑。一方面，基于平衡计分卡的高校战略绩效管理体系是高校新型绩效管理办法，第一次应用它的高校并没有实践经验，所以在指标权重的确定上会产生很多不同的意见，选用德尔菲法可以在一定程度上减少因不同意见带来的影响。由于专家组成员不允许面对面地举行会议，他们能够自主做出判断并避免了互相干扰。另一方面，对首次应用平衡计分卡的高校来说，简单易行是最重要的方法选取标准，如果方法操作起来十分复杂或困难，就会提高高校应用平衡计分卡进行绩效管理优化的成本，甚至成为阻碍其实施绩效管理的因素。德尔菲法具备简单易行的特点，且操作性强，由于校内专家对高校经营管理以及其他问题都有更多直观的了解，采用此法十分方便。

2.高校平衡计分卡指标权重的确定步骤

在选定了方法之后，高校平衡计分卡指标的权重确定要按照以下具体步骤进行。

（1）制作专家咨询表。根据高校战略绩效评价指标层次和定义，撰写填表说明，制作专家咨询表。

（2）分轮咨询，一般为四轮。第一轮，把专家咨询表发给各专家，专家们根据其判断独立填写，表明自身对于高校平衡计分卡指标权重分配的看法。第二轮，回收表格并统计结果。在“前轮结果”栏中填入前轮结果，然后下发新的咨询表，请各位专家依据反馈信息在重新考虑和判断后对高校平衡计分卡指标权重进行调整，并就如何进行调整提出建议，若某专家判断结果与反馈信息相去甚远，则要求其陈述原因。第三轮和第四轮重复一遍第二轮的工作，直至达成基本共识。

（3）处理咨询结果。采用算术平均数来代表专家的观点，从而求得各项指标的权重。

经过上述三个步骤之后，高校平衡计分卡的权重分配可确定各维度在整个高校战略绩效评价体系中的占比，在此基础上确定各项指标在各自维度中的占比并加权计算，最终得到指标权重。

二、实施基于平衡计分卡的高校战略绩效管理体系的保障措施

在基于平衡计分卡的高校战略绩效管理体系实施过程中，高校还需要从以下四个方面做好保障措施（见图6–2），以保证绩效管理工作的顺利开展。

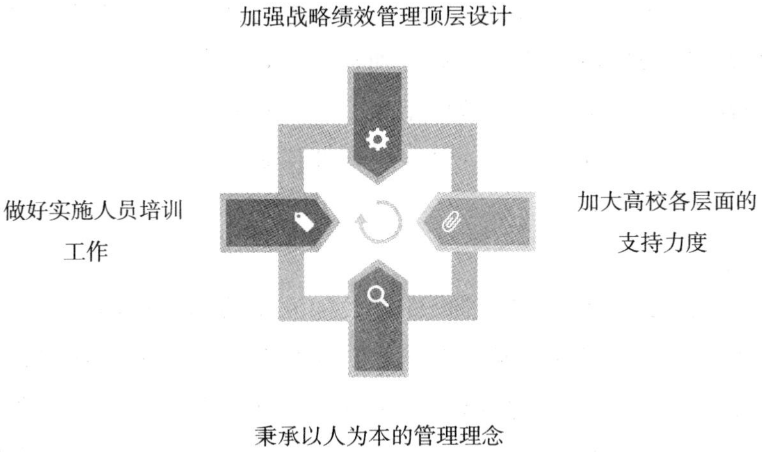

图6–2　实施基于平衡计分卡的高校战略绩效管理体系的保障措施

（一）加强战略绩效管理顶层设计

为保障基于平衡计分卡的高校战略绩效管理体系的顺利实施，高校首先要加强战略绩效管理顶层设计与系统规划，从宏观角度明确工作重点与工作方向，以免在不必要的环节设立冗余的目标，导致资源浪费；然后以战略为导向，以关键绩效指标为抓手，合理地把高校的总体目标具体分解给每一名教职员工，根据每个职能部门的实际情况，从纵向和横向两个角度对高校总体战略目标进行分解和实施，从而使基于平衡计分卡的高校战略绩效管理体系的实施做到有的放矢。此外，高校要加强绩效管理的配套机制建设，如高校教师的人资规划建设、招聘培训建设、薪酬体系建设与劳动关系管理等关键管理模块建设，以期形成人力资源管理的联动效应，从而提高高校教师的工作效率与工作效果，助力高校与教师实现共同发展。

（二）加大高校各层面的支持力度

1. 高校管理层面

实施基于平衡计分卡的高校战略绩效管理体系要依靠高校管理者的全力支持，以保障人力、物力和财力的供应。高校管理者要站在客观角度对该体系进行科学论证和评价标准的制定，合理地分配权重，充分利用考核结果实施物质与精神激励，保证绩效管理的顺利实施。另外，高校的平衡计分卡指标设计与权重分配并不是一旦确定就不能更改的，高校发展本身就是一个动态变化的过程。在不同发展阶段和不同环境的影响下，一旦高校战略发生调整，那么围绕战略目标开展的绩效管理就必须进行相应的调整，也就是要重新考虑平衡计分卡四个维度的指标是否合适，重新对四个维度指标进行权重分配。高校要重视这方面工作，以便更好地保障基于平衡计分卡的高校战略绩效管理体系的适应性。

2. 教师层面

高校战略目标是指导教师进行教育教学活动的基本依据，不仅涉及个体发展的问题，还关系到群体发展的问题。教师个人要对绩效管理有足够的认识，把个人目标主动和高校战略目标紧密联系在一起，保证个人和组织战略目标的一致性。教师本人应针对绩效考核结果中呈现的个人不足之处进行原因分析，并请求高校与上级的帮助与指导，以实现个人教学水平与科研水平的不断提升，从而保障基于平衡计分卡的高校战略绩效管理体系的实施成效。

（三）秉承以人为本的管理理念

高校应用平衡计分卡实施战略绩效管理时，可以将教师个人绩效管理作为整体战略绩效管理的重要抓手。在对教师进行考核时，必须秉承以人为本的管理理念，综合考虑教师绩效管理与高校战略规划、个人发展与组织目标的协同性，以最大程度地挖掘与发挥高校教师的人才价值，充分调动其工作积极性。

1. 保证目标一致

高校要实现战略发展目标与个人职业目标的一致性，就应结合战略目标，加强对教师职业发展的引导作用，促进教师的专业发展与综合发展，通过职业发展与绩效管理的有机结合，实现教师与高校的共同发展。

2. 打造教师人才培养体系

高校要打造教师人才培养体系，切实加强高校教师发展中心建设。如将教师发展纳入高校总体发展规划，致力于建立专业化、制度化、常态化的教师发展体系，形成“入职培训—助教锻炼—首开课培训—课堂教学评价—教学研修—教学竞赛”的多层次、多环节、多形式的培养体系。

3. 加强教师绩效沟通与辅导管理

高校要加强教师绩效沟通与辅导管理。教师个人绩效管理的目的并不是惩罚，而是激励。因此，在绩效考核结果出来后，对结果的应用也十分关键。高校要秉承以人为本的理念与教师进行沟通。绩效辅导是绩效提升的关键手段，高校应针对教师绩效短板建立系统性的人才培训与培养体系，以加快教师成长。

4. 构建多层次教师绩效指标

高校要构建分类分层的教师绩效管理指标，针对不同学科教师、不同级别教师、不同发展阶段教师的特点，设计不同的绩效考核指标，加强过程考核与结果考核、定量考核与定性考核以及短期目标与中长期目标的有机结合。

5. 加强教师职业发展建设

高校要构建多路径教师晋升与发展通道，制订配套的人才培养方案，最后根据教师不同的发展阶段设计相应的薪酬标准与绩效考核指标，全方位多层次地鼓励高校教师充分自由发展。

（四）做好实施人员培训工作

平衡计分卡作为一种综合战略管理方法对实施人员素质有很高要求，高校要系统培训平衡计分卡工作的实施人员，使其能够全面了解平衡计分卡执行过程中的详细情况，并且能够对不同情境中的绩效指标或者权重进行适时调整，真正达到融会贯通的效果，从而为高校平衡计分卡成功应用提供人员保证。另外，在当今社会，高校管理工作离不开现代化的管理手段，高校一般都设有网络与信息化建设中心，可利用该中心独立设计绩效管理系统，这将节省昂贵的网络建设费用。高校还可独立开发出符合自身特点的管理系统，为绩效管理的顺利实施奠定坚实的技术基础。因此，对于平衡计分卡工作实施人员的培训也要包括信息化技术的应用技能培训，使其能够利用信息系统高效地开展相关工作。

第七章　管理会计在高校信息化建设中的应用

现代信息技术发展到一定阶段后会同社会的诸多领域和各层面进行动态的互动，推动信息化的进程。高校信息化建设意义重大，无论是高校管理，还是教学科研等活动的开展都需要信息化支持来减少工作成本、提高工作效率。管理会计信息化就是将现代信息技术和管理会计进行整合，把现代信息技术运用到管理会计工作中进行流程重塑，旨在构建一种新型会计信息体系。将管理会计应用于信息化建设的目的是实现高校管理会计工作的信息化，通过运用先进现代信息技术建立管理会计信息化系统来处理相关工作，使财务指标和非财务指标都可通过该系统来进行计算和处理，以便管理会计人员对其进行更多的分析和评价，为高校管理者决策提供更多信息。

第一节　高校管理会计信息化建设的基本内容

一、高校管理会计信息化建设的相关概念

（一）高校信息化建设

高校信息化建设指为了适应信息化要求，在高校教学、科研、管理、后勤服务等方面全面运用以计算机、多媒体和网络通信为基础的现代信息技术来开展相关工作，使信息技术成为推动高校发展的强劲动力，实现教育、教学全过程的信息化。

高校信息化建设包括校园网络建设、信息系统建设、信息安全工作、信息技术与教育教学的深度融合等内容。校园网络建设是高校信息化建设的工作重点，各类信息系统的建设是高校信息化建设的主要任务，信息安全工作

是高校信息化建设的保障，信息技术与教育教学的深度融合是教育改革的需要。

高校在不同的发展阶段，信息化建设的侧重点也有所不同。过去，高校信息化建设的主要任务是打基础、补短板，重点是业务信息系统完善、数据治理和“一站式”服务建设。随着大数据、人工智能等技术的应用，信息化需求可能迎来新的增长点，高校对计算和存储的需求也会增长，高校信息化建设将进入高质量发展阶段，各高校未来将重点加强信息化基础能力整合和建设、体制机制建设、全生命周期的信息化项目管理等工作。

（二）高校管理会计信息化

高校管理会计信息化指以高校管理会计理论体系为指导，以现代信息技术为工具和载体，预测、决策、计划、控制、评价高校的经营与管理活动。总之，高校管理会计信息化就是信息技术与高校管理会计全面结合的产物。

财政部2014年1月印发的《关于全面推进管理会计体系建设的指导意见（征求意见稿）》提出，“鼓励企业充分利用专业化分工和信息技术优势，建立财务共享中心，加快会计职能从核算到管理决策的转变和管理会计工作的有效开展”。由此可见，财务共享是管理会计信息化建设的重要任务，有利于企业会计角色由核算向管理决策转变。管理会计信息化以财务共享为基础，可以实现对财务核算的充分支撑，并最终实现以管理会计为导向的财务信息化。因此，高校管理会计信息化可以借鉴企业管理会计信息化的经验，利用信息技术手段，建设高校管理会计信息化系统，实现财务共享，帮助管理会计更好地履行职能。

（三）高校管理会计信息化系统

高校管理会计信息化系统的概念与高校管理会计信息化非常接近。高校管理会计信息化系统指通过计算机、网络通信等现代信息技术手段，对高校财务与业务活动中的管理会计信息进行收集、整理、加工、分析与报告等，从而为管理会计活动在高校中的有效实施提供完整、及时、准确信息的各个功能模块的有机集合。管理会计信息化系统功能模块有成本管理模块、预算管理模块、投资管理模块、绩效管理模块、管理会计报告模块等。

建设高校管理会计信息化系统是实现高校管理会计信息化的首要途径。

通过管理会计信息化系统平台，高校可以迅速处理海量数据信息，实现对业财信息的智能化识别、审核和处理，以及对资源的灵活整合与分配，从而促进各部门共同构建财务共享管理模式。

二、高校管理会计信息化建设总体规划

（一）创造与高校管理会计信息化建设相适应的环境

1.外部环境

从外部环境的角度来说，国家对教育工作的重视程度不断提高，这就为高校管理会计信息化建设创造了一个有利的外部环境。高校要积极适应外部环境的变化，把握外部机遇，并从内部采取相关措施，为管理会计信息化建设创造一个良好的内部环境。

2.内部环境

从内部环境的角度来说，内部环境是高校管理会计信息化建设的条件，高校管理会计信息化需要有一个良好的内部建设环境。高校在开展管理会计信息化建设时，要明确管理会计信息化建设需要满足的条件：一是高校的战略、组织结构、业务流程、责任中心都要有较明确的界定；二是高校必须有管理会计职能，有一定的管理会计工具方法应用基础，有比较明确的管理会计相关部门或岗位；三是高校要有一定的财务、业务信息系统运用基础，包括已实现的较为成熟的财务会计系统运用、一定范围内的经营计划管理、物资供应和采购管理、库存管理、后勤服务管理以及其他基础业务管理职能信息化。

明确这些条件之后，高校要采取相应的措施对不足之处进行有针对性的改善。另外，高校还应从以下几个方面来保障管理会计信息化建设的顺利实施。

（1）高校可以从校园文化、管理会计人才和内部控制系统着手，为管理会计信息化建设建立一个良好的内部环境。高校在实践中应加强管理会计信息化建设宣传，让全体师生意识到管理会计信息化建设的意义，并且能在实践中积极推进管理会计信息化建设。

（2）高校应加强管理会计人才引进，注重对现有会计人员的培训，加速会计人员由目前的核算型向决策型转变，为管理会计信息化提供重要的人才支撑。

（3）管理会计信息化建设离不开经费的支撑，所以高校应增加管理会计信息化建设投入，进一步健全高校内部控制体系，从建立健全高校内部控制制度、内部监督机制和绩效考核制度等方面入手，来保证高校内部制度体系更具有规范性，从而改善管理会计信息化建设的基础环境。

（二）构建适合高校自身的管理会计信息化应用体系

管理会计信息化建设不只包括各项系统、机制的建设，也包括管理会计信息化应用体系建设。我国高校的规模、隶属关系、管理水平和发展情况各有差异，所以高校有必要根据自身实际推进管理会计信息化。在管理会计信息化推进过程中，高校要选好适合自己的切入点并有重点地制定具体步骤，以保证管理会计信息化建设工作扎实有序地进行。

（三）对现有信息化系统技术平台进行集成和改造

我国高校管理会计信息化建设需重视顶层设计，即以高校长期发展战略为出发点，以预算管理为依据，把管理会计信息化建设融入高校信息化建设的总体规划，根据高校实际需求对现有信息化系统技术平台进行集成和改造。高校要对现有管理会计领域所构建的各种信息系统技术平台展开分析，将符合高校实际需求且能够充分发挥出管理价值的信息系统技术平台挑选出来，将不符合高校需求且无法发挥管理价值的信息系统技术平台淘汰掉。对现有信息化系统技术平台进行集成和改造的目的是保证这些平台与高校财务系统、业务系统紧密衔接。在实践中，高校应根据自身管理会计发展的现状，分析并优化各业务流程，在此基础上进一步提出管理会计信息化建设的设想与目标，以及信息化系统技术平台的功能需求，统一平台之间的数据标准，促使各平台互联互通，为财务共享奠定基础。

（四）强化管理会计信息化安全保障

高校在管理会计信息化建设过程中会运用大数据等数字技术，这些庞大的数据对高校管理具有十分重要的意义，还会涉及高校敏感信息以及涉密信息等，这些信息一旦被盗将给高校造成无法估量的损失。所以，在推进管理会计信息化的过程中，高校要做好信息安全管理。例如，在构建信息系统时，高校应重点关注其保密性、真实性、有用性、可控性以及轨迹记录等问题，高校还要对数据共享范围、用户访问权限进行合理的规范，从硬件设备、软件服务、技术、管理等各方面保证管理会计数据和资料的安全性与可靠性。

（五）建设高校管理会计财务共享服务中心

过去，在高校管理会计信息化建设还不充分的情况下，部分高校的确没有条件进行各校区之间数据信息的共享。但随着信息化技术的应用与推广，很多高校通过扩招、合并等方式拥有了多个校区，并且部分高校每个校区的财务部门各自独立进行财务核算。目前，高校亟须建设管理会计财务共享服务中心，将各个校区的财务部门结合起来，进行统一的管理，同时加速财务人员向管理决策型的转型。

第二节　高校管理会计信息化系统建设与应用程序

一、高校管理会计信息化系统建设原则与步骤

（一）高校管理会计信息化系统建设原则

高校管理会计信息化系统建设通常要遵循五项原则，如图 7–1 所示。

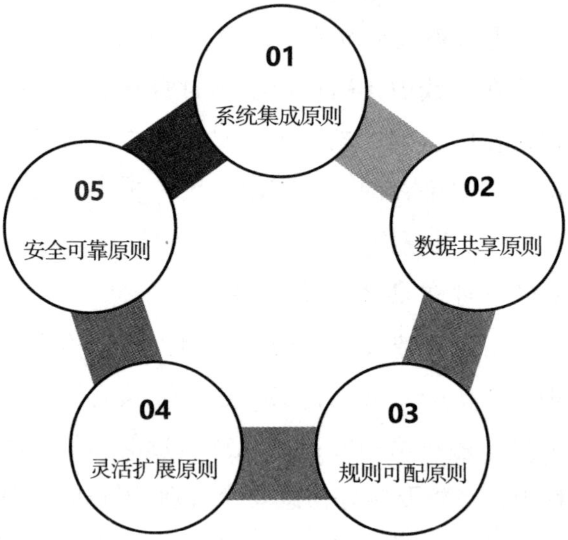

图 7–1　高校管理会计信息化系统建设原则

1. 系统集成原则

管理会计信息化系统的各个功能模块都要集成于同一个高校信息系统之中，并与财务、业务等信息系统密切结合，做到管理会计信息的自动生成和集中统一管理。系统集成原则有利于高校合理规划数据和信息，减少数据冗余，更有效地实现信息共享，通过管理确保数据和信息的安全度和保密性。

2. 数据共享原则

高校管理会计信息化系统建设要做到各系统之间无缝衔接，通过统一规则与标准的方式对数据进行一次性收集、全过程共享，以免形成信息孤岛。数据共享原则可以使高校各部门协调一致地工作，运用系统程序来自动实现数据共享的系统化、流程化、可视化管理及数据共享接口的自动化生成，提高管理会计工作的效率和信息化程度。

3. 规则可配原则

高校管理会计信息化系统的各个功能模块都要提供规则配置功能，实现管理会计信息化系统与其他信息系统的内容映射与自定义配置。在管理会计信息化系统中，一条规则通常适用于特定的数据类型，该规则的执行依赖于数据是否位于“参数”的定义范围内。如果数据在这个范围内，系统就可以对这个数据设置限制。然而，随着数据样本与内容的不断发展，必然会涉及一些动态的调整，因此，在规则系统的设计过程中，如果只有固定的一些优先级和参数的配置，则不能满足高校管理会计与其他工作的对接需求。不同的对接场景有不同的规则，自然也有不同的规则参数。如果系统在设计时缺少规则的可配置功能，会造成很大的不便。

4. 灵活扩展原则

高校管理会计信息化系统设计应当具有灵活扩展性，通过相关参数或者功能模块的适时补充及时应对环境、业务、组织、流程的各种变化，以适应高校内部管理需求。遵循灵活扩展原则能够使高校管理会计信息化系统的性能可以随系统规模扩大而提高，以添加新功能或修改完善现有功能来实现系统的未来成长。系统的灵活扩展性主要与开发平台、系统设计和技术架构等密切相关。一个成熟先进的系统不仅功能强大，更要有良好的扩展性，能够满足后续高校发展变化的需求，实现深入和长久的应用，确保系统维护与服务的质量，同时能够灵活地适应不同环境和不同管理模式的需求。

5. 安全可靠原则

高校管理会计信息化系统建设要充分保证系统的设备、网络、应用及数据等方面的安全，严格管理权限授予并做好数据灾备工作，使其具有较好的抵抗外部攻击的能力，保证系统在正常运行的同时能实现信息的安全、保密和完整。第十三届全国人民代表大会常务委员会第三十一次会议通过了《全国人民代表大会常务委员会关于修改〈中华人民共和国审计法〉的决定》，新审计法已于 2022 年 1 月 1 日开始施行，其中提出："审计机关进行审计时，有权检查被审计单位的财务、会计资料以及与财政收支、财务收支有关的业务、管理等资料和资产，有权检查被审计单位信息系统的安全性、可靠性、经济性，被审计单位不得拒绝。"在数据产生与信息传输规模空前庞大的当下，重要信息系统是否安全可靠关系到民族团结稳定，影响着社会发展与国计民生，对国家安全有着重要意义。高校的管理会计信息化系统数据涉及国家资产信息，必须保证系统的安全与可靠。

（二）高校管理会计信息化系统建设步骤

高校管理会计信息化系统的建设一般分三步走：一是系统规划，二是系统实施，三是系统维护。

1. 系统规划

高校要把管理会计信息化系统的计划纳入高校信息化建设总体规划，按照整体规划分步实施信息化系统的建设工作，具体要依据高校战略目标与管理会计应用目标形成明确的管理会计应用要求，因地制宜、循序渐进地进行系统建设。

2. 系统实施

高校要制订详细的实施计划，明确划分实施阶段、相关活动以及具体工作的时间进度。实施阶段通常由项目准备、系统设计、系统实现、测试与上线等环节组成。

（1）项目准备环节。高校在系统建设之前应先完成准备工作，通常包括明确实施目标、明确实施组织范围及业务范围、对信息系统进行需求调研、开展可行性分析并制订项目计划、制定资源安排与项目管理标准、进行项目动员与初始培训。

（2）系统设计环节。高校要对组织已有信息化系统应用现状、管理会计工作现状以及信息系统需求等方面的情况进行调研，对管理会计应用模块及应用流程进行梳理，并依此设计管理会计信息化系统实施方案。

（3）系统实现环节。高校应完成管理会计信息化系统的数据标准化建设、系统配置、功能和接口开发、单元测试等工作。

（4）测试与上线环节。高校要对管理会计信息化系统进行整体测试、权限设置、系统部署、数据导入、最终用户培训和上线切换。如有需要，高校还应结合实际情况开展预上线演练。

3. 系统维护

高校要做好管理会计信息化系统的运维与支持工作，同时不断进行系统上线之后的培训与系统优化。

（三）高校管理会计信息化系统建设方向

高校管理会计信息化系统建设要契合管理会计的功能，发挥管理会计的价值，实现管理会计工作的自动化。

从管理会计的功能来看，管理会计在决策和控制中往往在三个层面发挥作用。一是揭示功能，即通过对企业价值创造活动的跟踪、刻画和描述，对活动状况进行精确反映；二是分析功能，即通过与规划、目标、标杆等的比较，对当前价值创造活动的效率、效果、偏差等进行分析，探明产生上述结果的原因；三是反馈功能，即基于对价值创造活动的跟踪和分析，形成反馈价值创造活动的行动方案。

首先，高校管理会计信息化系统在揭示高校经营、价值创造活动方面，应实现管理会计报表的自动生成功能。为实现这一功能，高校要在管理会计信息化系统中按照管理理念、模型和由此派生的具体需求进行重新整合，以不改变现有管理系统和信息架构为前提，在庞杂的信息中，根据管理需求进行筛选、提取、储存，实时构建管理会计工作信息基础。在这一基础上，日常结构化的管理会计报表可以实时生成。管理会计报表的自动生成遵循如下逻辑：根据管理需求设计结构化的管理会计报表，在此基础上确定指标及其赖以生成的数据集，最终根据管理会计报表的生成频率需求确定不同数据的取数频率和取数口径。

其次，高校管理会计信息化系统在分析高校资源和价值创造活动的效率、效果方面，应比传统管理会计工作机制更成体系、效果更好。一方面，管理会计信息化系统可以从高校资源角度对高校经费等资源的状况、使用效率进行监控；另一方面，管理会计信息化系统可以针对高校业务开展情况对照标杆或目标自动进行分析，识别偏差并结合高校既有经验和知识分析出产生上述偏差的潜在原因。

最后，高校管理会计信息化系统应为价值创造活动提供反馈功能并自动生成管理活动的行动方案。在这一领域，管理会计信息化系统首先应保障高校战略的实现。从高校战略具体的实现形式上看，一方面，高校管理会计信息化系统应能自动提示组织层面和业务层面存在的风险，通过风险识别和分析自动提供应对风险的备选方案；另一方面，高校管理会计信息化系统还应发挥促进高校领导和教职工绩效提升的功能，通过实时考核高校领导和教职工绩效并预设绩效影响模型的方式，自动提出具有可行性的绩效提升方案，将其作为高校领导和教职工提升绩效的助推器。

二、高校管理会计信息化系统的应用程序

高校管理会计信息化系统要依托财务共享服务，实现从数据源输入、信息流加工与存储、信息共享，再到高校信息集成，以最少的人工干预不断进行信息交互，形成大型中央数据库、云服务交互模式，确保信息服务有序且高质量。随后，高校管理会计信息化系统应用程序要向预算管理、成本管理、绩效管理、投资管理、管理会计报告等功能模块综合渗透，最后构建成一个由输入、加工、输出三部分组成的管理会计信息化系统的应用程序，如图 7-2 所示。

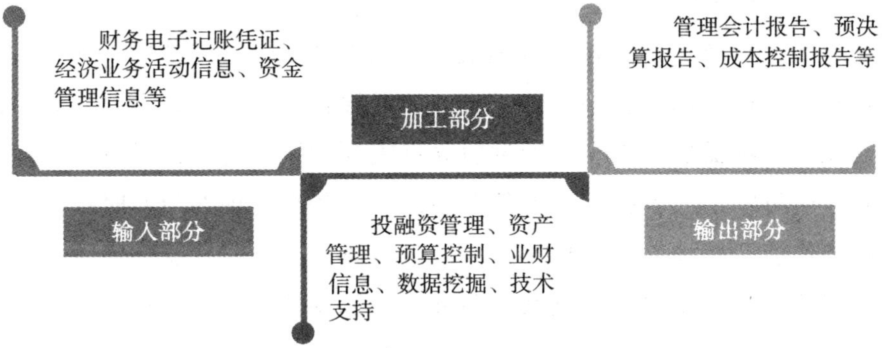

图 7-2　高校管理会计信息化系统的应用程序

（一）输入部分

输入部分是指管理会计信息化系统中收集或输入数据的过程。管理会计信息化系统需要提供一个已经明确数据规则定义的数据接口，来自动收集财务与业务数据。该系统应支持其他数据的手工录入工作，以适应有关业务调整及数据补充的需要。例如，基于云计算的财务共享服务中心通过电子报账系统和票据影像系统，高效地获取海量数据并将其存储于云端，以便随时提取并使用。

（二）加工部分

加工部分是借助管理会计工具模型对数据进行加工处理的过程。管理会计信息化系统能够充分利用数据挖掘和在线分析处理等智能技术，在相关工具的支持下实现数据的全面查询和统计分析，从而挖掘出有利于高校管理活动开展的各种信息。在当今信息技术不断发展的背景下，移动互联、云计算、大数据等信息技术为高校管理会计信息化系统的建设提供了技术支撑。高校应从数据源头抓起，统一标准、统一加工、统一核算、统一管理，实现对海量碎片化数据的实时识别、加工、分析与存储，使数据同出一源且能在系统内达到及时共享，增强数据的相关性；通过服务层与应用层决策分析技术把杂乱无章的海量数据变成高校管理层所需的信息，使用软硬件设备在云端建立起一个数据处理层级，以提升数据处理和信息传递的效率、容量、准确性；还应运用数据挖掘、人工智能技术实现数据的虚拟化管理，将管理会计工具与方法应用于数据综合查询、分析与统计，以使数据的管理适应高校战略与决策需求。

（三）输出部分

输出部分是指提供丰富的人机交互、集成通用的办公软件等成熟工具，以便自动生成或导出数据报表的过程。数据报告在展示形式上要注意易读性与可视化。系统输出结果既可通过独立报表或者报告等方式呈现给高校信息需求者，也可输出或者嵌入其他信息系统，向各级管理部门及时提供管理需要的相关信息。高校以信息化方式为信息主体开辟了信息交互渠道，每个管理会计责任中心都是财务信息共享服务中心云端体系的最终用户。基于各种信息化系统建立起来的共享服务中心就是高校的一个数据中心，信息要通过权限设定实现不同终端之间的共享，管理会计信息化系统的数据也会被纳入共享数据库，从而实现管理会计信息用户，即各个终端用户之间信息的灵活共享。

第三节　高校管理会计信息化系统权限管理

一、高校管理会计信息化系统权限管理的内涵

信息系统的应用离不开权限管理。在高校管理会计信息化系统建设完成后，在其启用之初高校要对系统内的权限进行设置，以便对各类用户进行管理。具体而言，高校管理会计信息化系统权限管理就是为允许登录系统的用户设定操作权限，禁止越权操作，明确谁有权登录系统和运行该系统并能获取哪些模块的信息。

按照权限控制对象的不同，管理会计信息化系统的权限实际上是功能权限和数据权限的组合，如“删除”操作是一个功能操作权限，需要把“删除”权限赋予某个用户，该用户才能进行删除操作。例如，高校信息系统的管理员为系统定义角色，给用户分配角色，给财务人员张某赋予“预算会计”角色，预算会计负责人具有“预算参数设置”“预算编制”“预算调整”等权限。此时张某就能够进入管理会计信息化系统进行这些操作。上述举例局限于功能操作权限，还有其他一些数据权限的管理。例如，假设高某是高校某项目建设的负责人，则他只能够查看本项目的经费数据，而不能查看其他项目的

经费数据。考虑到高校项目之间经费分配的不同，管理会计信息化系统可以对数据权限予以更精细的控制，如各部门负责人只能查看自己部门的预算表，而不能查看其他部门的预算表。总之，综合运用功能权限与数据权限，可使系统权限设置更加灵活高效。

二、高校管理会计信息化系统功能权限管理

（一）高校管理会计信息化系统功能权限管理的内涵

功能权限管理是指按角色控制访问权限，其基本思想是，对系统操作的各种权限不是直接授予具体的用户，而是在用户集合与权限集合之间建立一个角色集合，每一种角色对应一组权限。一旦某个用户被分配了适当的角色，该用户就拥有此角色的所有操作权限。如此就不必在每次创建用户时都进行分配权限的操作，只要分配用户相应的角色即可。同时，角色的权限变更比用户的权限变更少，能够简化用户的权限管理，减少系统的管理成本。一般情况下，角色权限是相对稳定的，而用户则因为时间的变化而需要获取相关的新权限。

高校管理会计信息化系统由若干子系统组成，每个子系统都服务于不同的职能部门，并服务于不同的管理需求。例如，典型的管理会计信息化系统是由预算管理、成本管理、绩效管理、投资管理、管理会计报告等子系统组成的。各子系统还根据高校应用流程分成若干主要功能组。例如，预算管理子系统通常分设预算参数设置、预算管理模型搭建、预算目标制定、预算编制、预算执行控制、预算调整、预算分析与评价等若干功能组，每个功能组都适合在不同应用时段内执行不同功能。每个功能组又可根据其所实现业务需求的差异细化成多个功能节点。例如，预算编制可进一步细化为固定预算、弹性预算、零基预算、滚动预算、作业预算等一种或多种预算编制方法。

高校管理会计信息化系统功能权限管理的目的在于明确用户登录系统后可以利用系统的功能，并将一些管理环节上不相容的职责划分从之前的制度规定变为系统的自动执行和自动控制。

（二）高校管理会计信息化系统功能权限的设置

功能权限设置以角色或者用户为对象。角色是高校管理会计信息化系统

中具有某种功能的组织形式，既可以是一个实际部门，又可以是一个虚拟组织。设定好角色之后，便可对角色权限进行设置。高校管理会计信息化系统的使用者在创建用户时可将其归属到某一个角色中去，从而使用户获得某一角色的对应权限。利用角色的便利之处是可按功能对用户进行统一授权，便于管理。一个角色可有多个用户，一个用户还可分属不同的角色。功能权限设置的过程本质上是基于高校管理会计信息化系统包含的各项功能，向不同的角色和用户分配权限的过程，系统通过对不同用户的角色分配授予用户对应岗位职责具有的权力。

高校在功能权限设置的时候，要注意首先选择好被授权的对象，也就是对哪个模块的功能进行授权，授权给哪一个用户或者角色，然后对授权的内容进行明确。例如，张某的岗位为预算会计时，高校应在功能权限设置上授予张某管理会计信息化系统内的“预算编制”“预算控制”等相应权限。

三、高校管理会计信息化系统数据权限管理

（一）高校管理会计信息化系统数据权限管理的内涵

高校管理会计信息化系统数据管理是指利用系统对数据进行采集、录入、运维、存储、归档、应用的过程，以及对数据标准制定、数据安全策略实施和实时数据审核的管理。因此，高校数据权限管理就是对上述管理内容的权限进行设置。

高校数据权限管理的对象是各类信息系统所覆盖的相关数据，包括但不限于管理会计信息化系统产生的预算数据、成本数据、绩效数据等。管理会计信息化系统数据作为高校的无形资产和战略资源，应纳入高校统一管理范畴，实现信息系统数据的统一管控，提高数据质量和数据的利用效率，提供安全、完整、统一的数据服务，为高校教学、科研、管理提供信息服务和技术保障。

高校管理会计信息化系统数据权限管理要遵循全程管控原则与定期考评原则。一方面，高校要对数据实施从采集、处理到维护的全过程权限管控，重点把好数据的采集关，确保信息系统数据真实、准确、完整、及时；另一方面，高校相关业务部门应对被授予的数据权限承担责任，对其权限范围内所负责的数据管理工作进行定期的管理和考评。

（二）高校管理会计信息化系统数据权限的设置

高校管理会计信息化系统数据权限包括总体规划、数据标准和规范的制定与执行、数据实施和运维、数据应用等内容。

1. 总体规划权限设置

总体规划的制定与执行指制定数据管理的战略规划和总体目标，此权限须赋予校长办公会。

2. 数据标准和规范的制定与执行权限设置

数据标准和规范的制定与执行包括制定高校数据指标体系，制定高校数据模型，制定和执行高校信息系统数据标准，制定和执行数据所有权管理规范，制定和执行数据安全规范，制定和执行数据服务管理规范，制定和执行数据质量核查机制。高校可将此权限赋予网络与信息中心。

3. 数据实施和运维权限设置

数据实施和运维的范围包括数据的整合、分析、采集、运维、管理、存储、归档等。高校可将此权限赋予各职能部门。

4. 数据应用权限设置

数据应用的范围包括数据的日常使用、共享和分析等。高校可将此权限赋予各职能部门、各院系和其他各机构。

第四节　高校管理会计信息化系统功能与拓展

一、高校管理会计信息化系统基础功能模块

高校管理会计信息化系统基础功能模块包括预算管理、成本管理、绩效管理、投资管理、管理会计报告五部分，如图 7-3 所示。

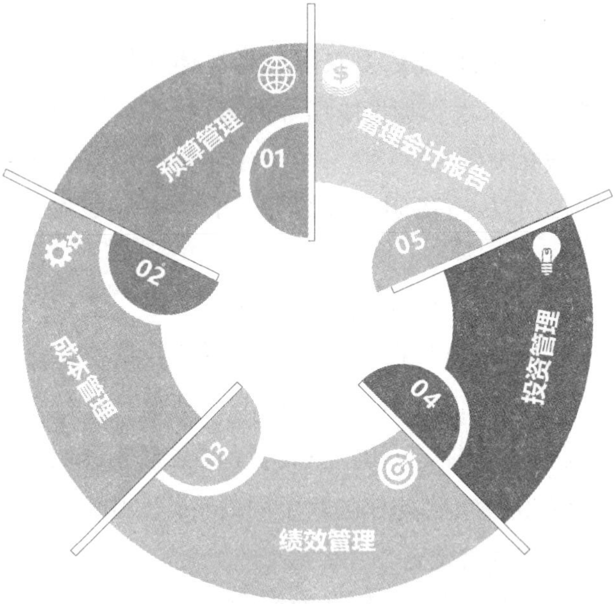

图 7-3 高校管理会计信息化系统基础功能模块

（一）预算管理功能模块

预算管理功能模块所要实现的功能通常是对高校预算目标与计划制订、预算编制、预算执行控制、预算调整、预算分析与评价的整个过程进行系统化管理。

1. 预算目标与计划制订

预算目标与计划制订主要是完成高校目标设定与业务计划编制工作，以实现预算启动与编制过程。在高校管理会计信息化系统中，预算目标及计划制订的输入信息通常包括高校远景及战略规划、高校内外部环境信息、投资者及管理者预期、历年绩效数据、经营状况预测和高校战略举措、每个业务板块的主要业绩指标等。高校要分析内外部环境及存在的问题，对预算备选方案进行评价，编制详细业务计划并输出高校及其各个业务板块的主要绩效指标与部门业务计划等。

2. 预算编制

预算编制主要是完成预算目标的制定、分解、下达，以及预算编制、汇总、审批等一系列过程，提供固定预算、弹性预算、零基预算、滚动预算、作业预算等方法中的一种或者几种预算编制处理机制。预算编制输入信息通常由历史绩效数据、关键绩效指标、预算驱动因素、管理费用标准等构成。高校应该借助合适的预测方法来建立预测模型，帮助自身根据预算管理体系确定预算目标，从而实现预算目标自动分解、辅助预算审批、自动汇总预算。预算编制的输出结果应是各责任中心预算方案。总之，预算管理功能模块应该能够为高校提供基于业务需求的多时期、多场景、多版本的预算计划，从而达到预算编制要求。

3. 预算执行控制

预算执行控制主要是实现预算系统和各个业务系统之间及时的数据交换，以达到实时控制财务及业务预算执行情况的目的。预算执行控制输入信息通常由高校各个业务板块和部门主要绩效指标、业务计划、预算执行控制标准和预算执行情况组成。高校要通过校验、对比、查询、汇总等方式，将预算目标与执行情况进行对比分析，构建预算监控模型对超预算情形进行预警并形成预算执行情况报告，实行预算控制审核机制和例外的预算管理等。预算执行控制的输出结果应包括预算执行差异的分析报告、经营调整措施等。

4. 预算调整

预算调整主要是实现一些责任中心预算数据的调整并完成调整处理流程等。预算调整输入信息通常由高校主要绩效指标、预算执行差异分析报告以及各个业务板块和部门组成。高校要对预算数据进行重组，根据预算管理体系对重组预算目标进行自动分解，协助重组预算审批过程，实现预算自动总结。预算调整的输出结果应包括各责任中心预算调整报告以及调整绩效指标。

5. 预算分析与评价

预算分析与评价主要是提供各种预算分析模型，以预算执行为数据依据，多期间、多层次地分析预算实际发生数，通过多角度的预算分析，最终完成对预算的绩效考核，为绩效考核提供数据依据。预算分析与评价输入信息通常由预算指标和预算执行情况、业绩评价标准和考核办法以及其他资料组成。高校应当构建差异计算模型以实现预算差异计算并协助进行差异成因分析，最后输出部门、期间、层级等多维度预算差异分析报告及其他数据。

（二）成本管理功能模块

成本管理功能模块应实现成本管理的各项主要功能，一般包括成本核算、成本分析、成本预测、成本控制等。

1. 成本核算

成本核算主要是对高校在生产经营过程中每一个交易活动或者事项实际成本信息进行收集、归纳和整理，对实际发生的成本数据进行核算，支持各种成本计算与分摊方法对实际成本进行精确的计量与分摊。成本核算输入信息通常由业务活动事项记录、货币计量数据组成。高校要运用特定的成本工具方法，建立相应的计算模型，将不同层次的成本中心作为核算主体完成成本核算处理流程。成本核算处理流程完成之后，要能产生实际成本数据，以及管理层和各业务部门要求的成本核算报告。

2. 成本分析

成本分析主要是实现实际成本数据的分类比较、因素分析比较等功能，找出成本的影响因素，形成评价结论并整理成多种形式的分析与评价指标报告。成本分析输入信息通常由成本标准或者计划数据、成本核算子功能模块产生的成本实际数据组成。高校应根据输入的数据和规则，选择具体的分析评价方法对各成本中心的成本绩效进行分析比较，对各责任中心和高校的总体成本绩效报告进行总结，输出成本分析报告和成本绩效评价报告。

3. 成本预测

成本预测主要是实现对不同成本对象进行成本估算和预测。成本预测输入信息通常由业务计划数据、成本评估结果、成本预测假设条件以及历史数据与行业对标数据组成。高校要利用成本预测模型对下一工作周期的成本需求进行预测，基于经验或者行业可比数据调整模型的预测结果，输出成本预测报告。

4. 成本控制

成本控制主要是根据既定成本费用目标对组成成本费用的各项因素加以计划、制约和调整，并及时纠偏，以控制成本费用的超支现象，将实际耗费控制在成本费用计划之内。成本控制输入信息通常有成本费用目标与政策、成本分析报告等。高校要建立工作流审批和授权机制来实现成本控制流程，并通过成本预警机制完成成本控制流程、产出成本支付清单和成本控制报告。

（三）绩效管理功能模块

绩效管理功能模块主要是在进行业绩评价与激励管理时对各个因素进行管理，通常包括业绩计划和激励计划的制订、业绩计划和激励计划的执行控制、业绩评价与激励实施管理等，以支撑高校绩效管理。绩效管理功能模块要提供对高校关键业绩指标进行界定与配置的功能，并且能够从其他功能模块自动得到每个业务单元或者责任中心对应的真实绩效数据，经过计算和处理后形成绩效执行情况报告和差异分析报告。

1. 业绩计划和激励计划的制订

制订业绩计划与激励计划主要是完成绩效管理目标与标准制定、绩效管理目标分解与下达、业绩计划与激励计划编制等程序，并对这些程序进行审批。业绩计划和激励计划制定的输入信息通常包括高校与各层级责任中心战略关键绩效指标（Key Performance Indicator，KPI）与年度经营 KPI 指标，以及高校绩效评价考核标准、绩效激励形式与条件等基本数据。制订业绩计划与激励计划处理流程通常包括指标体系的构建、指标权重的分配、业绩目标值的设定、业绩评价计分方法的选择和薪酬激励、能力开发激励计划的拟订、职业发展激励和其他各类激励计划的制订、各层级考核对象绩效计划和绩效激励计划的输出。

2. 业绩计划和激励计划的执行控制

业绩计划和激励计划的执行控制主要是实现预算系统及各个业务系统之间数据的及时交换，实现业绩计划、激励计划执行的实时监控等。业绩计划和激励计划执行控制的输入信息通常由业绩实际数据与业绩计划、激励计划两部分组成。各高校要构建指标监控模型，按照指标计算办法测算指标实际值与比较值之间的差异情况，形成业绩计划、激励计划实施情况差异报告。

3. 业绩评价与激励实施管理

业绩评价与激励实施管理的主要目的是对激励计划实施情况进行考核，形成综合考核结果，将改进建议和措施反馈给考核对象等。业绩评价与激励实施管理的输入信息通常包括考核对象业绩指标的实际值与目标值、指标计分方法及权重。各高校要选择评分计算方法，对评价分值进行统计，对考核对象形成综合评价结果，输出业绩评价结果报告、提出改进建议。

（四）投资管理功能模块

投资管理功能模块主要是实现管理会计信息化系统支持高校投资项目规划与管控的流程，通常包括编制投资计划与及时控制各投资项目。投资管理功能模块应与项目管理功能模块、资产管理功能模块、成本管理功能模块、预算管理功能模块等有效集成并进行数据交换。当投资计划编制完成后，可通过项目管理功能模块得到有关项目定义、工作分解定义和作业过程定义的信息，通过资产管理功能模块得到资产折旧信息，通过成本管理功能模块获得项目成本分摊与归集信息，并将相关项目预算信息传输至预算管理功能模块。

一方面，投资管理功能模块要协助高校完成投资计划制订与审批流程。通过投资管理功能模块，高校可对投资项目、投资程序、投资任务、投资预算和投资控制对象的基本情况进行界定，并以此为基础编制高校各层级组织投资计划及其执行方案，使投资计划得到分解与下达。另一方面，投资管理功能模块要实现对高校具体投资项目的控制。高校可结合实际情况在投资管理功能模块整合项目管理功能或执行独立的项目管理功能模块，以实现对项目的控制。

项目管理功能模块主要是实现投资项目系统化的管理流程，通常由项目设置、项目计划与预算、项目执行、项目结算与关闭、项目报告以及项目后审计组成。

1.项目设置

项目设置主要完成对项目名称、项目期间、成本控制范围、利润中心及其他参数的项目定义，以及工作分解定义、作业和项目文档等的定义，为项目管理提供基础资料。

2.项目计划与预算

项目计划与预算主要完成项目里程碑计划、项目实施计划、项目概算、项目利润与投资测算、项目详细预算编制流程，协助实现投资预算审查与下达流程。项目里程碑计划通常包括项目关键节点的界定、关键节点上项目的检查与控制、项目各个阶段起止时间的设定等内容。

3.项目执行

项目执行主要实现项目拨款申请、投资计量、项目实际发生值确定，计算汇总并与目标预算比较，开展投资检查及成本管控等。

4. 项目结算与关闭

项目结算指通过定义好的结算规则，利用项目结算程序进行项目期末结账处理。结算结束后，进行项目关闭操作以确保项目可控。

5. 项目报告

项目管理功能模块要为用户提供各种项目数据汇总报表和明细报表，其中包括但不限于项目计划、项目投资差异分析报告等。

6. 项目后审计

各高校可结合实际需求在项目管理功能模块提供项目后审计功能，按照项目计划及流程建立工作底稿，对项目实施流程、成本、业绩等方面进行项目后审计及评价。

（五）管理会计报告功能模块

管理会计报告功能模块应当实现根据信息系统内财务数据和业务数据进行管理会计报告的自动生成，为高校高效地开展各类管理会计活动提供支撑。

具体而言，管理会计报告功能模块首先应向高校提供充足、有效、及时的数据来源，在需要时建立“数据仓库”及“数据集市”，形成一个具有统一标准的数据集，并基于该数据集借助数据挖掘和其他智能工具实现多维度报表的自动生成。总之，管理会计报告功能模块要为高校提供灵活多样、可自定义的报告功能。高校可利用报表工具，定制管理会计报表报告主体、报告期间（定期或不定期）、报告结构、报告数据源、报告计算公式和报表展现形式。该系统能够自动获取基于高校自定义报表中模板的数据，经过计算和处理后输出为预先确定的展现形式。

管理会计报告功能模块应当对用户追溯数据源进行管理。用户可将上报的最终结果数据溯源到系统，逐层溯源到自己的数据来源及计算方法直到业务活动结束，然后在信息系统内以独立功能模块形式出现，并获取其他管理会计功能模块的数据以产生报告；还可以嵌入其他管理会计功能模块，作为其他管理会计功能模块的一个重要输出环节。特别是应当与财务报告系统关联，这不仅能够有效地产生高校整体报告还能够产生分部报告，做到对整体报告与分部报告的联查。

二、高校管理会计信息化系统功能拓展策略

除基础的功能模块外，高校还需要不断探索管理会计信息化系统功能的拓展性，为受到不断变化的外部环境影响的发展战略调整所产生的新需求服务。具体可以从三个方面入手，如图 7–4 所示。

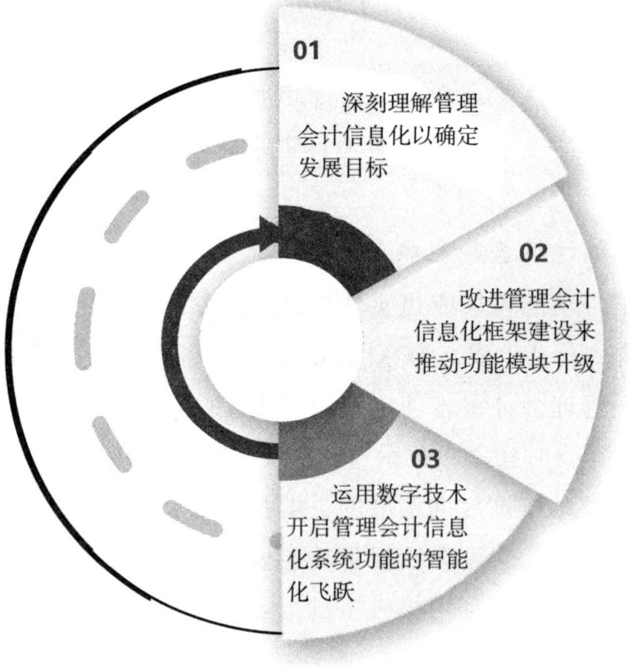

图 7–4　高校管理会计信息化系统功能拓展策略

（一）深刻理解管理会计信息化以确定发展目标

1. 深刻理解管理会计信息化

深刻理解管理会计信息化是开展高校管理会计信息化系统功能拓展工作的基础。只有对管理会计信息化框架、工作内容和价值有了真正的认识，才能充分了解高校管理会计功能需求，然后有目的地确定功能拓展目标。通过对管理会计信息化系统的进一步认识，可以了解到管理会计工具方法不仅能够用于高校的成本控制，而且能够扩大其应用范围，将其深入地应用于绩效管理、预算管理、资本管理等其他领域。

2.确定高校管理会计信息化系统功能拓展目标

管理会计信息化系统以获取决策信息为最终目标。确定高校管理会计信息化系统功能拓展目标主要体现为从高校实际需求出发，结合高校每个阶段的现实发展情况，提高高校管理会计信息化系统功能的拓展性，以匹配高校的动态化战略调整，从而增强高校竞争优势。

高校当前要实现的具体目标主要集中在管理会计信息化框架上，把精益生产思想运用于高校实际管理。精益生产与传统生产模式相比更具优势，能够识别浪费现象，改善高校运营效率和成本控制效果。高校管理会计信息化系统功能拓展和精益生产有着非常紧密的关系，管理会计成本控制工具的应用能够推动精益生产向前发展，实现对高校生产链条各个环节的精准控制。高校管理会计工具运用以成本控制功能模块为主，绩效指标可以帮助高校获取发展趋势信息、测量已经确立的发展目标是否可行，为绩效考核提供依据。这些都可以通过建立平衡计分卡等方式来实现。

（二）改进管理会计信息化框架建设来推动功能模块升级

高校管理会计框架由成本管理功能模块、预算管理功能模块、绩效管理功能模块等组成。在这些功能模块中使用最广泛的就是成本控制功能模块了。一方面，高校需要进一步结合财务会计信息化系统进行系统对接功能的完善；另一方面，由于成本控制功能模块与其他功能模块基于企业资源计划（Enterprise Resource Planning，ERP）理论基础具有联系的可行性，可加强高校管理会计信息化系统内部各功能模块之间的联系，使之成为一个联动的整体，让数据信息充分流动起来，为高校决策提供更加准确的分析结果。高校可结合实际需要对系统功能模块进行升级，以进一步改进战略管理流程并使其最终对决策起到辅助作用。在系统功能模块升级过程中，高校首先要分析决策系统需求，再依据信息有针对性地拓展系统功能。

（三）运用数字技术开启管理会计信息化系统功能的智能化飞跃

在区块链、大数据、人工智能、物联网等数字技术广泛应用的背景下，虚拟活动和业务迅猛发展，不断推动着财务管理环境的巨大变革，建构起创新的财务生态环境，促使财务管理效率的提高和组织价值创造能力的增强，智能管理会计应运而生。

如果说自动化是高校管理会计信息系统的初级版本，那么智能化则是高校管理会计信息系统的高级版本。

从揭示功能来看，具有智能特征的管理会计信息系统，通过打破传统组织以人、财、物为分类模式的分割式信息架构，将高校各类信息真正在价值创造活动层面重新整合，以精准反映价值创造活动的状态和效率。因此，管理会计报表也不再局限于传统管理会计的框架，走出以成本为主线的管理会计架构，真正体现出对组织价值创造进行实时跟踪的特征。在这一架构下，管理会计不再分别针对特定类别的生产资源提供信息，而是聚焦人、财、物等生产资源的协同作用推动价值创造过程，提供不再处于分裂状态的管理会计信息，从而将业财融合提升到业财一体的高度。

从分析功能来看，智能化管理会计信息系统不再囿于分析潜在的业务偏差原因，而是将高校知识固化到智能管理会计系统中，提供业务智能诊断功能。相比之前的业务自动分析系统的初级版本，智能诊断系统所提供的业务诊断结论更为精准，并且在诊断时点方面更加提前。初级版本所提供的实时分析功能，是在业务偏差实际发生时才进入分析程序并查找原因；而智能诊断系统则具有类似基因测序功能，从而能够预测并预防偏差的出现，通过对导致业务低效或不达目标的驱动因素的实时分析，预测未来可能出现的不利偏差或负面结果。从这一意义上来说，在分析功能上，智能化管理会计比自动化管理会计的功能强大得多。

从反馈功能来看，智能化管理会计信息系统在更具前瞻性的基础上，真正实现了对价值创造的全过程管理，其提出的管理方案属于针对绩效结果的前瞻性反馈。一方面，当开展价值创造活动时，每一项价值创造活动可能产生的后果都在智能化管理会计信息系统的跟踪掌握之下，在绩效结果形成之前智能管理会计信息系统就能对价值活动提出建议。另一方面，当绩效结果真正发生偏差时，智能化管理会计信息系统能够在分析系统的基础上精准查询是何种活动导致了偏差结果，然后提示或直接通过信息系统介入价值活动本身，从而对价值活动实现前瞻性的主动反馈。这种反馈与智能管理会计信息系统的初级版本相比，智能化程度显著提升，能基于管理会计信息的揭示、分析功能自动提出业务处置方案，使得管理会计真正实现了智能化。

高校只有借助数字技术的力量，方能开启管理会计信息化系统功能的智能化飞跃。例如，将区块链应用于高校管理会计信息化系统建设具有三个层面的合理性：一是区块链分布式记账的特点是账本真实可信、不可篡改、信息可溯源、数据真实有效、数据安全以及实时提供个性化的管理报告，这些技术特征高度符合管理会计要求，从本质上优化了管理会计系统功能并降低了管理成本，可以实现向决策型管理会计的转变；二是区块链分布式记账、非对称加密、时间戳、数据签名以及智能合约等颠覆性技术与管理会计在价值管理、内部控制、风险管理等方面具有契合性，如将作业成本管理与分析决策的功能创新融合在一起可以建构区块链管理会计功能模块；三是结合其他数字科技，通过以“区块链 + 人工智能”自动化流程核算为基础，以“区块链 + 大数据”预测、分析和决策为手段，以“区块链 + 物联网”风险识别和控制为方法，将区块链内嵌于业务活动和财务活动，高校可以建设以信息可靠、信息集成、数据管控、数据挖掘、数据可视化、价值创造为特征的区块链管理会计信息化系统，实时监管业务活动与财务活动并识别风险，为业务流程和财务流程优化与价值创造以及智能管理会计的实施提供技术路径。

第八章　结论与展望

管理会计在高校中的应用涉及诸多领域，随着时代的发展和相关实践的深入，管理会计在高校中的应用将越来越普及。未来的管理会计信息化系统建设重点将聚焦数据中台建设以及相关应用人才的培养。

第一节　结论

本书通过对管理会计在高校的应用展开了全面详细的研究，最终得出以下结论。

一、管理会计对高校具有极高的应用价值与意义

管理会计在高校中具有极高的应用价值，主要体现在提升财务人员素质、支持高校管理决策、促进信息化建设等方面。无论从理论角度，还是从实践角度来说，管理会计都对高校财务管理的发展意义重大。从理论角度来说，管理会计在高校中的应用可以推进高校管理会计理论体系建设，形成适合高校实际发展状况的管理会计理论。从实践角度来说，有利于高校围绕提升核心竞争力这一终极目标，实现内涵式发展、提升财务管理水平、优化资源配置。因此，高校应从顶层设计、多方协同、信息化技术支持三方面入手，将管理会计引入高校财务管理，切实提高高校管理水平。

二、应用管理会计可以优化高校财务机构管理

财务机构是高校财务管理工作的主阵地，管理会计在高校的应用首先要从财务机构管理入手，通过优化高校财务机构设置、优化高校财务岗位、优

化高校财务人员素质等途径，全方位地将管理会计内容和思想嵌入高校财务机构管理，为后续相关管理会计工作的开展提供便利。

优化高校财务机构设置，一要平衡高校相关关系，包括政府与高校的关系、党委领导与校长法人的关系、党委会与董（理）事会的关系、统一领导与分级管理的关系、行政权力与专业权威的关系；二要构建现代化高校财务机构治理体系。高校应坚持党委领导下的校长负责制，高校党委会、校长办公会、监督机构要分别拥有财务决策权、财务执行权与财务监督权，形成相互联系、相互制约的财务组织机构体系，推动财务治理决策科学化、实施专业化、监督多元化，发挥各方力量，合力实现财务机构治理能力现代化。

优化高校财务岗位要遵循因事设岗、内控分离、激励约束原则，具体路径包括全面落实高校领导班子的主体责任、优化总会计师岗位配置、合理增设管理会计岗位、制订并落实定期轮岗计划。

优化高校财务人员素质，一要发挥高校主导作用，通过加强领导重视、完善培养方案、激发财务人员主动性的方式，来发挥高校在自身财务人员素质优化中的主导作用；二要丰富财务人员继续教育内容，扩充管理会计内容、财务信息化教育内容，以及人文常识、礼仪规范、沟通技巧等其他方面的内容；三要构建多层次素质优化方案，根据职位、岗位、工作内容、知识背景、技能水平等标准，把优化对象划分为不同层级，通过其所在层级能理解或接受的方式，开展有针对性的、有重点的分类教育工作。

三、应用管理会计可以优化高校预算与成本管理

预算与成本管理是高校财务活动的核心环节，管理会计在预算与成本管理中的应用有助于全面提升高校预算与成本管理工作效率，帮助高校实现预算与成本管理规章制度优化、工作方法优化与工作流程优化。

在预算管理规章制度方面，高校需要实现法治化与规范化、体现权力主体意志、建立公开制度、健全民主监督内容，将预算管理规章制度纳入依法治校体系、对权力进行合理分配、建立规范化和常态化的高校预算公开制度、健全高校预算监督制度体系。在成本管理规章制度方面，高校应根据自身属性建立成本管理制度，以全面成本管理理论为基础、以政府会计制度为依据、以管理会计思想为理念优化成本管理规章制度。

在预算管理工作方法方面，高校可应用全面预算管理方法重塑财务机构运行机制、合理选择预算编制方法、完善全面预算控制体系、建立健全财务监督机制，或者应用零基预算管理方法回收校内各部门以前年度结余资金、在控制拨款总量的前提下改变拨款方式、合理分配专项经费。在成本管理工作方法方面，高校可从目标成本的制定、分解、控制、分析与考核四个环节入手应用目标成本管理方法，或者从确定主要作业和负责部门、收集每项工作的成本、选择成本动因、计算作业成本这四个环节入手应用作业成本管理方法。

在预算管理工作流程优化方面，高校需从预算编制流程、预算执行流程、决算流程三方面入手。具体而言，高校预算编制流程优化要统一预算口径、完善预算申报流程，高校预算执行流程优化要加强对高校控制预算执行进度的监管、协同财政部门保证预算执行进度正常推进、分析预算执行情况、规范预算调整程序，高校决算流程优化要做好决算编制准备工作、理解高校决算报表相关内容及编制要求、优化高校决算报表编制思路及方法。

在成本管理工作流程优化方面，高校需从成本核算、成本控制、成本分析与报告三个环节入手。高校成本核算流程优化可应用作业成本法，具体步骤包括建立资源项目、分析作业项目、分析资源费用、汇总资源费用、成立作业中心、明确作业动因、计算成本动因比率、核算最终成本；高校成本控制流程优化可通过实施责任成本管理来实现，具体路径包括建立责任成本管理体系、实施高校责任成本控制、开展高校责任成本中心绩效考核与评价；高校成本分析与报告流程优化需定期进行成本分析并形成成本报告，具体步骤包括开展成本分析、以分析结果为依据生成成本报告。

四、应用管理会计可以优化高校内部控制与风险管理

加强内部控制、完善风险管理是依法从严治校对高校提出的内在要求，管理会计在内部控制与风险管理中的应用有利于提升高校运行管理效能，优化高校内部控制制度与风险管理机制，从而切实保障财务安全，实现可持续的良性发展。

优化高校内部控制制度可结合管理会计理念，提高内控管理意识以营造良好制度管理环境，增强内控管理制度，完善流程的规范性，并完善内控监

督和审查制度以促进内控管理的有效落实。具体而言，高校要将管理会计融入高校内部控制目标，将内部控制目标细化为管理会计报告。基于管理会计的高校内部控制制度体系内容包括不相容职务分离制度、授权批准控制制度、会计系统控制制度、财产保全控制制度、财务风险控制制度、内部审计控制制度、信息技术控制制度。

优化高校风险管理机制可结合全面风险管理理念，转变风险防范观念、不断提高信息化管理水平、建设完善的风险反馈体系、构建高校风险管理框架。高校要构建一个以战略为核心的高校全面风险管理框架，该框架由全面风险管理总体目标、基本内容、构成要素、基本流程、组织架构五项内容组成。从实践角度来说，高校需要从财务规划阶段、财务组织阶段、财务控制阶段、财务评价阶段四个阶段进行该框架的构建工作。

五、应用管理会计可以优化高校绩效管理

将平衡计分卡这一管理会计工具方法应用于高校绩效管理中，能够让高校和个人、内部和外部之间形成多维协同的机制，更好地实现高校职能，为社会输送更多的优秀人才。

平衡计分卡能满足高校利益相关者对信息的需求，是高校战略管理的重要工具，也是高校科学发展的强劲驱动力。因此，平衡计分卡在高校绩效管理中的应用具有一定的必要性。在国家政策创造条件、高校工作奠定基础、技术手段充分助力这些外在条件的帮助下，以及平衡计分卡与高校实际相互契合的内在适用性下，平衡计分卡在高校绩效管理中的应用具有高度的可行性。

在此背景下，高校需要构建一个基于平衡计分卡的高校战略绩效管理体系。具体而言，高校首先要进行战略目标分析，然后从财务、客户、内部运营、学习与成长四个维度进行高校战略绩效指标体系设计和高校教师个人绩效指标体系设计，最后确定高校平衡计分卡指标的权重。在进行权重分配时，高校可以选用德尔菲法，经过制作专家咨询表、分轮咨询、处理咨询结果等环节，最终得出指标权重。另外，高校要保障基于平衡计分卡的高校战略绩效管理体系的顺利实施，还需要加强战略绩效管理顶层设计、加大高校各层面的支持力度、秉承以人为本的管理理念、做好实施人员培训工作。

六、应用管理会计可以优化高校信息化建设

信息化建设是高校处于当今社会所必须开展的一项工作。将管理会计应用于信息化建设旨在实现高校管理会计工作的信息化，运用先进现代信息技术建立管理会计信息化系统来处理相关工作，以便管理会计人员对其进行更有效的分析和评价，为高校管理者决策提供更多信息。信息化建设的重要任务之一就是建设一个管理会计信息化系统。

高校管理会计信息化系统建设通常要遵循系统集成原则、数据共享原则、规则可配原则、灵活扩展原则、安全可靠原则，一般按照系统规划、系统实施、系统维护这三个步骤实施，重点建成一个由输入、加工、输出三部分组成的管理会计信息化系统应用程序。信息系统的应用离不开权限管理。在管理会计信息化系统建设完成投入应用之初，就要进行系统功能权限和数据权限的设置，以便对各类用户进行管理，综合运用功能权限与数据权限，使系统权限设置更加灵活高效。

管理会计信息化系统基础功能模块包括预算管理、成本管理、绩效管理、投资管理、管理会计报告。除基础的功能模块外，高校还需要不断探索管理会计信息化系统功能的拓展性，为受到不断变化的外部环境影响的发展战略调整所产生的新需求服务。因此，高校需要深刻理解管理会计信息化以确定发展目标，改进管理会计信息化框架建设来推动功能模块升级，运用数字技术开启管理会计信息化系统功能的智能化飞跃。

第二节　展望

一、基于数据中台的高校管理会计信息化展望

随着管理会计的发展变化及其与信息技术的结合，在数字化时代管理会计升级变革出现了全新的方向，下一代智能管理会计系统正改变着管理会计的各个领域。在数字技术的支持下，数据中台将成为智能管理会计系统建设的核心内容，这为高校管理会计信息化系统建设提供了新的思路。

（一）了解数据中台

“中台”概念的提出和应用堪称对信息系统理论改造升级的一个重要贡献。“中台”一词是由军队的作战体系演化而来，技术上的中台主要是指学习高效、灵活和强大的指挥作战体系。中台为更多人所熟悉是源于互联网公司提出的“大中台，小前台”战略。在该战略中，中台指经过多年形成的一系列具备对前台业务变化及创新快速响应能力的综合能力平台。

在传统信息化架构中，组织管理和运营系统通常可切分为前台和后台。前台通常是指面向客户的市场、销售和服务部门或系统，后台则是指技术支持、研发、财务、人力资源、内部审计等支撑部门或系统。对前台来说，对客户需求做出快速反应是其基本职责。在传统信息化架构中，前台需要得到后台的指令，包括业务和数据的指导，但后台的反馈速度往往很慢，很难及时满足客户的需求，因此会导致很差的客户体验；后台系统是一套相对完整的系统，流程规范、管理制度严格，无法为了满足前台的需求而做出较大的改变，且前台的业务变化太快，有时几乎无法做出及时的分析和判断。产生这个问题的原因其实就是前后端本身属于两个管理体系。一个体系面向市场，运转速度快；另一个体系处于后台，更多地强调标准、规范，运转速度慢。要把两者结合起来，就必须再加一个中间协调者，这样才能实现平衡与协同。

数据中台是中台的核心平台之一，通过大数据技术对海量数据进行采集、治理、计算、加工，同时统一数据标准和口径。数据中台把数据统一之后，会形成标准数据，再存储数据，形成大数据资产层，进而为用户提供高效服务。数据中台将传统数据仓库的范围扩展到包含组织级所有数据的更大领域，对这些数据进行数据采集、数据治理、数据建模和各类分析服务，提供给前端用以开展不同维度的数据应用。

广义的数据中台不仅包括在大数据平台基础上已经沉淀的采集、计算和存储能力以及统一规划的数据治理能力，还包括长期积累下来的一些可复用度较高的技术组件和数据产品。狭义的数据中台是一套实现组织数据资产化的工具集。从技术角度来看，数据中台是一种新型的 IT 架构；从管理角度来看，数据中台是一种新型的组织管理模式和理念；从战略角度来看，数据中台是为了适应日益复杂的环境而构建的一种新型战略工具和竞争堡垒。总之，数据中台的核心理念在于“数据取之于业务，用之于业务”。

（二）数据中台与管理会计

1. 数据中台对管理会计的影响

数据中台的核心概念就是数据赋能。管理会计这一角色本身就具备赋能的价值，即赋能管理和业务。管理会计如果拥有数据中台的支撑，其数据基础将更加雄厚，能够进一步打通业务数据和财务数据，从而提高数据质量。

在数据中台的支持下，管理会计有三个变化。一是场景化。过去的管理会计很多是基于组织总体的决策进行全面的预算、管理的报告，但是如今其有很多具体的应用场景，如产品定价等。二是业务化。数据中台可以提高组织成本效益分析的效率，使业务部门可以借助成本数据尽快做出决策。例如，部分组织在发放优惠券时，利用数据中台可以打通业务数据和财务数据，并利用财务数据直观地体现出发放优惠券给组织带来哪些效益、投入产出是否合理，大大提高了组织的决策效率。三是实时化。管理会计的本质就是基于数据和模型发现问题、解决问题，数据中台给管理会计体系建设和应用带来更多直接和间接的价值，如缩短预算滚动周期，使其可以按月，甚至按天滚动。

数据中台是构建智能管理会计系统的基础和核心。数据中台为改变传统信息化架构的缺陷而生，可以接收不同行业的数据，用相同的逻辑完成数据运算，并给出相应的运算结果，使其能够为前台或后台调用。这样就可以用同一个数据中台服务不同行业实体的运营管理，以免针对不同行业特性单独开发从前端到后端的完整运营系统，为组织扩展业务带来了更加快捷、有效的部署方式，大幅降低组织总体运营成本。同时，数据中台通过在前台、后台之间增加一层系统，打破了传统“烟囱式”的组织信息化架构，使其从一系列套装软件系统变为各种服务支撑下的一系列前端应用系统，不仅能够消除组织的“信息孤岛”，提升数据采集和数据转换的效率和质量，还能够基于中台共享和复用的特点，消除组织 IT 系统重复建设的现象，为数据存储和数据管理带来便利。

2. 数据中台对管理会计的价值

（1）打通多源数据。数据中台架构最明显的价值在于能够将组织信息化架构由不同平台下分散的“烟囱式”系统集群变革为部署在同一平台下基于服务的应用系统集群。基于数据中台，组织可以打通和汇聚多源数据，实现数据资产化和内外部数据的整合，为管理会计数据的收集带来更大的便利。

（2）实现数据的复用与共享。数据中台的核心思想就是复用和共享，能够将不同业务场景的通用能力抽离出来，下沉到一个共享平台，共享给前端应用系统并可在其中进行复用，实现特定的数据应用，更好地支持前台系统的灵活变化。中台可以确保同一类或同一个数据来源的唯一性，实现对数据的集中化存储，使数据在应用端的复用和共享变得触手可及。管理会计人员可以在数据中台上构建模型，将其作为知识沉淀在中台内，并在数据应用端调取、复用。

（3）推动数据赋能业务。管理会计以往更多强调用数据支持组织决策，但在互联网环境下应更加重视赋能，不仅是为管理赋能，更重要的是为业务运营赋能。例如，在网购的时候，电商系统会根据客户以往的购买习惯，弹出专门给客户推荐的商品，这就是数据中台提供的重要赋能，有助于电商系统更及时地获得面向未来的指标预判。

（三）高校数据中台建设展望

加强数据研究与数据治理是高校找准自身定位、提高治理水平并实施发展策略的关键。数据治理能够促进流程再造，以数据治理为抓手，可以打通高校的“数据动脉”，厘清数据生成、处理、利用等总体流程，为跨系统、跨业务、跨部门流程再造提供支持。

在高校信息化管理部门 IT 服务、IT 设备和资产管理以及流程与决策支持等三大业务逐步分离的背景下，一个功能强大的数据中台系统是高校信息化建设的基础。因此，高校必须建设强大的数据中台系统，及时、实时地收集、处理各种数据，按业务类别、服务对象、数据属性、时间跨度等多个维度将数据组织、集成与存储起来，提供高效的数据传输、数据导出、报表生成、数据可视化工具，从而针对各种需求迅速提供数据服务。

具体而言，高校建设数据中台，一要统一数据服务框架。通过设计能够进行信息资源共享、数据可视化、数据分析的数据服务框架，协助高校构建符合场景需求的数据管理服务系统并制定实施流程。二要统一大数据环境。这不仅可以存储和管理大量数据，还可以为高校数据分析、数据挖掘提供基本的大数据计算和存储环境，并进行统一管理和运行维护。三要建立数据治理标准体系。数据治理需要以各高校具体情况为出发点，结合教育部标准和高校实际项目需要，建立独家数据项目标准体系。四要进行全方位数据质量监测。在提高数据质量方面，高校数据中台要形成完善的数据质量监控机制。通过建立覆盖数据分析监测的规则、制订相关数据信息质量检测计划、生成数据服务质量报告、建立处理异常数据的监控机制，全面保证数据环境质量。五要重构数据共享交换流程。数据中台可以帮助高校重建数据共享机制，实现数据的有序运行。

总之，数据中台是贯穿整个高校教学、管理和服务的大型数据枢纽，不但能促进高校管理会计的信息化建设，而且能利用科学技术精准地促进社会教育系统运行工作机制优化，使高校发展整体迈上一个新台阶。

二、信息化时代管理会计人才培养展望

（一）信息化时代管理会计人才培养目标

在信息化时代下，无论企业还是高校，对管理会计信息的要求都越来越高，管理会计工作显得越发重要。繁杂的管理会计数据都需要通过计算机进行处理，开展管理会计的信息化建设与应用仍急需相关人才的支持。针对当前管理会计的智能化发展趋势，管理会计人才的培养目标也要不断更新。

一要熟练掌握管理会计前沿理论与最新的工具方法。随着时代的进步，人工智能、大数据环境下核算型会计人员越来越少，善于管理的人才成为社会的迫切需求，管理会计也将变得更加重要。

二要掌握大数据分析、人工智能应用技术等技术手段。智能化变革是在数据、算法及算力支持下进行的，同时财会及数据、算法之间存在着自然而密切的联系。以价值为纲，在数字化与智能化转型日益深入的今天，数据与算法的开发会使管理会计信息化系统更加完善。但管理会计信息化系统功能的完善也意味着系统操作将更加复杂，因此，能熟练应用这些信息系统也是管理会计人员必备的技能。

三要善于表达财务决策文本，通过可视化等方式丰富管理会计信息的展示方式，以便更好地向高校领导展示管理会计信息分析结果。

（二）信息化时代高校管理会计人才培养展望

1.开设智能管理会计课程或专业

智能管理会计就是把人工智能、大数据、云计算、区块链等信息科技及数字资源与管理会计进行整合，通过建设或使用数字化服务平台及智能化管理决策支持系统，促进管理会计工作效率与成效的提高，从而扩大与实现管理会计职能与战略价值。

智能管理会计人才培养以专业为主线，借助人工智能等信息科技赋能专业教育，其目的在于更好地发挥管理会计的职能和决策价值，进而促进信息反映、监督控制、决策支持和价值的实现。智能管理会计专业定位于培养富有人文精神、具有强大洞察力、熟练掌握新技术新系统应用的，具有社会责任感的创新型复合人才，引领管理会计行业发展。高校要精心打造专业引领、数据驱动、智能加持的“管理会计＋数字技术”协同创新课程体系，以满足高校育人需求，实现智能管理会计人才的培养目标。

2.在管理会计教育教学中引入智能化设备

每一个时代的转型，本质上都是新知识体系的塑造和能力培养的转型。高校将智能化设备引入管理会计教育教学，目的是让学生对智能化学习产生兴趣，并对智能化在管理会计中的基本应用了然于心，学会利用智能化手段剖析智能化应用中新型管理会计的角色定位。

未来智能社会的主流工作模式就是“人＋智能机器”的组合，也就是定性与定量的结合。智能管理会计要求高校在教育中布置的任务不仅是让学生单纯地回答传统问题，更重要的是让学生提出具有价值的技术问题。因此，高校管理会计教育的重心应由回答的价值转到问题的价值上来，让学生充分发挥想象力和分析能力，促使学生向教师提出问题、学生相互之间提出问题，形成有价值的课题，进而让学生学会利用智能化手段解决问题。管理会计专业学生需要具备多元技能，不仅要掌握简单的会计领域专业知识，而且要学会运用相互联系的知识网络结合多学科内容来综合考虑问题。在人工智能社会，未来的新型管理会计劳动力将会是知识工作者。高校教育应使学生成为更具有职业道德、更能客观看待问题、更具有复合学科知识的创新型人才。

3.注重对学生交流和学习能力的培养

管理会计工作需要与多个部门相互配合，最终将所得到的数据分析结果向组织领导者报告，因此，除了专业知识之外，高校管理会计人才培养还应注重帮助学生不断提高沟通能力和表达能力。在智能社会，人的相互之间的合作并未失去用武之地，而是不断扩大。培养学生的沟通合作能力有利于学生更好地与人开展合作，而沟通能力恰恰是无法被机器所取代的能力，是人类高级智能的体现。

4.促进学生工作实践

智能管理会计重在技能的应用，所以高校应为学生实习搭建更加广阔的平台，帮助学生现场感受智能化场景，对智能管理会计工作有更直观、更具体、更深刻的理解。高校既可以通过校企合作，与配备最新管理会计信息系统的科技型企业合作进行学生培养，又可以亲自搭建基础实验室等模拟工作环境，为学生直接提供智能管理会计工作的相关系统，开展实践教学。

综上所述，人才是管理会计发展的支柱，高校不仅是管理会计的应用者，而且是管理会计人才培养的核心阵地。高校培养管理会计专业的学生，一定要以培养其数字化和智能化的能力为重点方向。同时，学生自己也要树立终身学习理念，不断地丰富自己的技能，紧跟时代前沿技术，为智能管理会计理论体系的构建和实施贡献自身的力量。

参考文献

[1] 饶慧云 . 高校会计风险管理与控制策略 [M]. 南昌：江西科学技术出版社，2019.

[2] 谢合明 . 高校管理会计应用研究 [M]. 北京：中国经济出版社，2019.

[3] 刘晓峰，崔琳 . 管理会计 [M]. 北京：原子能出版社，2019.

[4] 中华人民共和国财政部 . 管理会计应用指引 2019 年版 [M]. 上海：立信会计出版社，2019.

[5] 胡玉明 . 管理会计应用指引详解与实务（最新版）[M]. 北京：经济科学出版社，2019.

[6] 梁丽肖 . 教育信息化背景下高校管理机制探究 [M]. 长春：吉林人民出版社，2021.

[7] 乔春华 . 高校管理会计研究 [M]. 南京：东南大学出版社，2015.

[8] 董欣竹 . 高校财务管理与服务优化研究：以上海某高校为例 [D]. 上海：上海社会科学院，2020.

[9] 马青 . 高校管理会计功能拓展下的财务机构设置 [D]. 成都：西华大学，2016.

[10] 王扬 . 平衡计分卡在 SMT 局的应用研究 [D]. 郑州：河南财经政法大学，2019.

[11] 梁霁宁 . S 高校基于责任中心构建财务管理模式的研究 [D]. 成都：西南交通大学，2018.

[12] 韩碧竹 . 高校预算管理优化研究 [D]. 长春：长春理工大学，2021.

[13] 李璇 . 地方高校管理会计报告体系应用研究 [D]. 贵阳：贵州财经大学，2020.

[14] 张金星 . 五维度下的信息化建设对我国高校管理会计的影响研究 [D]. 天津：天津大学，2017.

[15] 李陶然.政府会计改革视角下的A省属高校教育成本管理改进研究[D].大连：东北财经大学，2020.

[16] 连琼凤.管理会计在A高校科研经费管理中的应用研究[D].泉州：华侨大学，2018.

[17] 张越.基于平衡计分卡的高校绩效评价指标体系构建[D].昆明：云南师范大学，2019.

[18] 杨之艺.基于战略规划视角下Y高校预算绩效管理研究[D].南宁：广西财经学院，2022.

[19] 陈健美.新财务和会计制度背景下高校成本管理探究[J].财会通讯，2019（17）：79–82.

[20] 王亚丽.基于精益思想的高校成本管理分析[J].财会通讯，2016（23）：67–69.

[21] 梁丽娟，孔祥帅.基于文献计量的我国高校内部控制研究综述[J].会计之友，2018（24）：69–73.

[22] 陈锋正，苗彦恺.多重制度逻辑视角下我国高校绩效管理存在的问题及策略选择[J].教育发展研究，2019，39（Z1）：23–29.

[23] 常光辉，王怡，潘俊.浅谈信息化情境下高校预算管理流程再造[J].财务与会计，2017（24）：56–57.

[24] 刘梅.高校会计信息化建设的创新路径探究[J].大学教育，2020（11）：156–158.

[25] 张磊.财务共享视域下企业管理会计信息化研究[J].财会通讯，2022（11）：144–149，155.

[26] 费坚，李斯明，魏训鹏.基于复杂性范式的非营利性民办高校风险治理[J].教育发展研究，2018，38（23）：23–28，37.

[27] 刘红梅，许江波.基于巡视报告的高校风险管理审计实践与探索：以S学校为例[J].财会通讯，2020（9）：122–125.

[28] 丁惠萍.管理会计信息化软件开发环境及策略研究[J].财会通讯，2019（13）：102–105.

[29] 张晓燕 . 高校风险管理与绩效知识图谱研究 [J]. 会计之友，2019（14）：32–37.

[30] 许敏，董佳慧 . 高校管理会计的历史演进及其发展特征 [J]. 会计之友，2019（24）：124–127.

[31] 罗虹，冯敏 . 政府会计制度改革背景下高校成本管理控制探析 [J]. 行政事业资产与财务，2019（22）：57–58.

[32] 徐建波 . 基于项目教学的高校现代管理会计理论与实践研究 [J]. 化工进展，2020，39（5）：2041.

[33] 吕顺 . 高校成本管理工作中管理会计的应用策略 [J]. 现代营销（下旬刊），2018（4）：227.

[34] 蔡连玉，张迅 . 高校科研绩效管理中的“底部沉重”及其治理研究 [J]. 江苏高教，2021（7）：31–37.

[35] 王雁，文兴斌，刘东，等 . 高校内部控制可持续性改进的障碍与策略分析 [J]. 会计之友，2021（19）：71–77.

[36] 袭梅琴，刘珊 . 政府会计制度下高校财务信息化建设研究 [J]. 财会通讯，2022（8）：166–171.

[37] 慈爱荣 . 高校成本管理研究 [J]. 中国集体经济，2018（24）：48–49.

[38] 刘耀利 . 管理会计视角下省属高校成本控制措施 [J]. 财务与会计，2021（20）：70–71.

[39] 姚小娴 . 基于会计信息化的高校财务内部控制分析 [J]. 科技资讯，2021，19（36）：68–70.

[40] 商思争，宣昌勇 . 高校内部控制建设与运行若干问题思考 [J]. 中国高等教育，2021（22）：47–49.

[41] 黄静，孙慧，刘航舶，等 . 基于管理会计理念优化高校财务机构设置的对策研究 [J]. 唐山师范学院学报，2022，44（1）：113–117.

[42] 陶文青 . 政府会计制度实施后的高校会计信息化建设研究 [J]. 现代商贸工业，2020，41（21）：112–113.

[43] 王金月 . 智能化时代管理会计人才培养路径研究 [J]. 信息系统工程，2022（4）：77–80.

[44] 周文雪 . 管理会计在我国高校成本管理中的应用分析 [J]. 产业与科技论坛，2022，21（11）：287–288.

[45] 李海燕 . 高校风险沟通的功能及其策略 [J]. 学校党建与思想教育，2022（13）：73–76.

[46] 牟晓婷，叶云 . 管理会计人才培养质量提升路径研究——基于职业能力框架视角 [J]. 财务管理研究，2022（11）：106–115.

[47] 张英春 . 新财务和会计制度背景下高校成本管理探究 [J]. 纳税，2019，13（28）：130–133.

[48] 林莎 . 管理会计在我国高校成本管理中的应用研究 [J]. 财经界，2018（26）：60–61.

[49] 黄左女 . 目标成本管理在高校企业管理中的应用 [J]. 财会学习，2022（34）：100–102.

[50] 蔡连玉，张迅 . 我国高校绩效管理中的激励困境及其治理 [J]. 现代教育管理，2022（12）：44–51.

[51] 陈蓉蓉，韦建文，林新华 . 高校信息化人才队伍现状与改进策略探究 [J]. 实验室研究与探索，2022，41（10）：282–286.

[52] 张倩 . 数字化转型与高职院校管理会计人才培养探讨 [J]. 就业与保障，2021（17）：114–115.

[53] 刘罡 . 基于内部控制视角的高校预算管理体系研究 [J]. 会计之友，2018（1）：150–152.

[54] 赵栓文，屈晓丹 . 财务共享服务下的管理会计信息化策略探讨 [J]. 财会月刊，2018（11）：40–45.

[55] 傅建雯 . 平衡计分卡在高校绩效管理中的应用探讨：以 A 理工学院为例 [J]. 会计之友，2019（8）：151–155.

[56] 杨从印，刘晓华 . 高校内部控制建设现状、困难及对策：基于高校内部控制建设自评报告的分析 [J]. 财会通讯，2019（11）：122–125.

[57] 毛建荣，彭松波．高校内部预算管理中的预算松弛及其控制研究 [J]. 会计之友，2018（9）：129–133.

[58] 郑赟赟．基于高校实践的全面预算管理系统设计研究 [J]. 会计之友，2019（5）：87–90.

[59] 冯斌．高校预算管理内部控制研究 [J]. 会计之友，2019（14）：2–6.

[60] 孙刚．大数据驱动下业财融合导向的管理会计人才培养机制创新 [J]. 财会月刊，2021（2）：88–93.

[61] 王丽杰．基于财务共享的管理会计信息化案例分析 [J]. 财会通讯，2020（19）：150–154.

[62] 白宗颖．以高校绩效管理推进高等教育治理现代化 [J]. 现代教育管理，2019（7）：42–48.

[63] 王海妮．高校财务人员转型的能力框架构建与实施：基于管理会计在高校应用的新常态 [J]. 财会通讯，2018（16）：46–49.

[64] 李敏．内部控制视角下高校预算管理研究 [J]. 东南大学学报（哲学社会科学版），2017，19（S2）：142–145.

[65] 李华丽，王瑞龙．高校内部审计新发展：参与高校风险管理 [J]. 财会月刊，2017（13）：119–124.

[66] 淡志强，李江辉．基于管理会计的高校成本管理探析 [J]. 经济研究参考，2016（33）：64–66.

[67] 陈义明，童春芽，徐永刚．高校管理会计应用问题研究 [J]. 会计之友，2018（9）：152–155.

[68] 蔡连玉，鲁虹．高校教师绩效管理计件工资化及其治理路径研究 [J]. 高校教育管理，2020，14（2）：97–104.

[69] 谢倩，王子成，胡扬名．回顾与展望：国内高校绩效管理研究热点及前沿趋势可视化分析 [J]. 当代教育论坛，2019（4）：60–71.

[70] 黄贤明，梁爱南，张汉君，等．教育信息化 2.0 背景下基于数据中台的高校数据治理方案研究 [J]. 现代信息科技，2022，6（18）：24–27.

[71] 刘光强，干胜道．新经济背景下的智能管理会计报告：基于“区块链＋人工智能”数字技能[J]. 财会月刊，2022（14）：79–85.

[72] 戴力．高校战略管理的内容、依据与标准[J]. 教育评论，2022（3）：53–59.

[73] 周旭枚．基于风险导向的高校内部控制审计模式研究[J]. 财会通讯，2018(7)：113–116.

[74] 邓江，孙雯，王镇．高校战略绩效管理系统构建研究：基于战略沟通视角[J]. 都市文化研究，2021（2）：255–267.

[75] 刘光强，干胜道．管理会计数字技能的培养路径：基于CDIO工程教育模式[J]. 财会月刊，2021（13）：52–59.

[76] 张进．基于“数据中台”的高校财务信息系统架构研究[J]. 重庆邮电大学学报（社会科学版），2022，34（6）：116–123.